Thomas Bauer · Walter Kolb – Frankfurter Oberbürgermeister

Thomas Bauer

„Seid einig für unsere Stadt"
Walter Kolb – Frankfurter Oberbürgermeister 1946–1956

Herausgegeben von der
Historisch-Archäologischen Gesellschaft Frankfurt am Main e.V.

Waldemar Kramer Frankfurt am Main

Zur Finanzierung des Drucks haben die Flughafen Frankfurt/Main AG und die Historisch-Archäologische Gesellschaft Frankfurt am Main beigetragen.

Die Deutsche Bibliothek – CIP-Einheitsaufnahme
Bauer, Thomas:
„Seid einig für unsere Stadt" : Walter Kolb – Frankfurter Oberbürgermeister 1946 – 1956 / Thomas Bauer. Hrsg. von der Historisch-Archäologischen Gesellschaft Frankfurt am Main e.V. – Frankfurt am Main : Kramer, 1996
ISBN 3-7829-0465-6

ISBN 3-7829-0465-6
Umschlagbild: Trümmerbeseitigung. Fotografie von Fred Kochmann, 17. Oktober 1946 (Institut für Stadtgeschichte Frankfurt am Main).
Druck und buchbinderische Verarbeitung:
W. Kramer & Co. Druckerei-GmbH, Frankfurt am Main

Inhalt

Vorwort

Am 20. September 1996 jährt sich der 40. Todestag des volkstümlichen Frankfurter Oberbürgermeisters Walter Kolb, der dieses Amt in den schwierigen Nachkriegsjahren von 1946–1956 innehatte. Sein tatkräftiges Wirken schuf die Grundlagen für die heutige wirtschaftliche Stellung und für das moderne Bild unserer Stadt. Bedauerlicherweise begegnet man in Frankfurt kaum Möglichkeiten zur Erinnerung an Walter Kolb, die seiner Bedeutung für die Stadt gerecht würden.
Dies veranlaßte Rudolf Maxeiner, in seiner aktiven Zeit Direktor der Bank für Gemeinwirtschaft, anläßlich der Verleihung der Verdienstmedaille der Bundesrepublik Deutschland zu einem Spendenaufruf für eine Ausstellung von Erinnerungsstücken an Walter Kolb im Historischen Museum Frankfurt. Diesem Haus fühlte sich Rudolf Maxeiner durch freundschaftliche Zusammenarbeit bei vielbeachteten Ausstellungen in der BfG besonders verbunden. Dem Förderverein des Historischen Museums, der Historisch-Archäologischen Gesellschaft, gehörte Rudolf Maxeiner als Mitglied und zeitweise als Vorsitzender an.

Rudolf Maxeiners Bemühungen um Spenden erbrachten einen namhaften Betrag, die wenigen persönlichen Hinterlassenschaften Walter Kolbs, die erworben werden konnten, erlaubten aber keine eigene Ausstellung. Man beschloß daher, Walter Kolb in der in Vorbereitung befindlichen Dauerausstellung des Historischen Museums zu würdigen, und die Spendengelder für das Schließen einer immer wieder bedauerten Forschungslücke, nämlich einer schriftlichen und bildlichen Darstellung der Frankfurter Jahre Walter Kolbs, zu verwenden.

Der Leiter des Historischen Museums, Prof. Dr. Rainer Koch, und der Vorstand der Historisch-Archäologischen Gesellschaft, die die Spendengelder treuhänderisch verwaltete, einigten sich einvernehmlich mit Rudolf Maxeiner, den Spendenbetrag für eine Biographie Walter Kolbs einzusetzen. Mit dieser Aufgabe wurde der Historiker Thomas Bauer beauftragt.

Das Buch ist dazu bestimmt, die Erinnerung an die Person Walter Kolbs wachzuhalten, sein Wirken für die Stadt Frankfurt und für den demokratischen Aufbau unseres Landes gebührend und dauerhaft zu würdigen.

Ohne die Initiative und die Aktivität von Rudolf Maxeiner hätte dieses Buch nicht erscheinen können, es ist deshalb auch Ausdruck des Dankes an ihn.

Dr. Edith Welker
1. Vorsitzende der Historisch-Archäologischen Gesellschaft

An Pfingsten 1923 betrat Walter Kolb zum ersten Mal den Frankfurter Römerberg. Der gebürtige Bonner besuchte als Vorsitzender des „Republikanischen Studentenkartells" die nach Frankfurt einberufene Jahrestagung des „Reichsbunds demokratischer Jugendvereine". Bei einem Stadtspaziergang entdeckte der 21jährige Jurastudent am Rathaus den Sinnspruch „Geht dir Rat aus, geh aufs Rathaus", was ihm zum Schlüsselerlebnis wurde. Noch Jahre später erinnerte sich Kolb in einem Zeitschriftenbeitrag an diesen Moment: „Ich dachte darüber nach, was wohl dieser Spruch im tiefsten zu bedeuten hatte. Als Vorsitzender des republikanischen Studentenbundes und seitdem ich Mitglied der SPD geworden war – sofort nach meinem Abiturientenexamen mit 18 Jahren – hatte ich es mir zum Ziele gesetzt, für die Rechte des Volkes, für Freiheit und soziale Gerechtigkeit, für ein demokratisches Deutschland meine ganzen Kräften einzusetzen. Als ich nun diesen Spruch am Frankfurter Römer las, da wurde mir klar, dass gerade durch die Arbeit der Gemeinde der gestellten Aufgabe am besten zu dienen ist. Ich nahm mir vor, diesen Berufsweg zu beschreiten."[1] Kolbs Berufsziel stand mithin fest; er schlug die Verwaltungslaufbahn ein und wollte Oberbürgermeister werden.

Wahlkampfhilfe aus Düsseldorf

Als die GIs der 5. US-Infanteriedivision und 6. US-Panzerdivision am 29. März 1945 in Frankfurt einrückten, standen vom Römer nur noch die Außenwände. Drei schwere Luftangriffe hatten im März 1944 die Altstadt dem Erdboden gleichgemacht. Der im März 1933 von der NSDAP zum Frankfurter Oberbürgermeister bestellte, vormalige Landgerichtsrat Friedrich Krebs, ein der Hitlerpartei schon 1929 beigetretener „Alter Kämpfer", wurde von den Amerikanern verhaftet und ins Internierungslager Darmstadt eingeliefert, wo ihn ein Verfahren vor der Spruchkammer erwartete.[2] Nachdem die alliierten Streitkräfte der Nazi-Diktatur in Frankfurt ein Ende gemacht hatten, sorgte die amerikanische Militärregierung unverzüglich für eine Übergangslösung an der Spitze der Stadtverwaltung, indem Ortskommandant Oberst Howard D. Criswell den Journalisten Wilhelm Hollbach am 30. März 1945 kurzerhand zum kommissarischen Bürgermeister ernannte. Den Beamten der Stadtverwaltung befahl Criswell, an ihre Arbeitsplätze zurückzukehren. Die provisorischen Diensträume des Bürgermeisters und seiner Mitarbeiter befanden sich in dem Anwesen der Gesellschaft für Handel, Industrie und Wissenschaft in der Siesmayerstraße. Auf Anordnung des lokalen „Military Government" wurde Hollbach am 4. Juli 1945 von dem bisherigen zweiten Bürgermeister Kurt Blaum abgelöst.[3]

Litfaßsäule mit Wahlplakaten. Fotografie von Kurt Weiner Mai 1946.

Im Unterschied zu seinem Vorgänger war Blaum ein erfahrener Verwaltungsfachmann, der auf eine Tätigkeit als Hanauer Oberbürgermeister von 1921 bis 1933 zurückblicken konnte. Gegenüber dem nationalsozialistischen „Führerprinzip" bildete der vermutlich auf Anweisung der Militärregierung von Blaum am 5. September 1945 einberufene „Bürgerrat" einen weiteren Schritt auf dem Weg zur Demokratisierung des öffentlichen Lebens. Das 28 Mitglieder zählende Gremium, dem so namhafte Persönlichkeiten wie Ernst Beutler, Emil Carlebach, Walter Dirks, Wilhelm Knothe oder Hans Wilhelmi angehörten, entbehrte zwar einer demokratischen Legitimierung durch freie Wahlen, kann aber gleichwohl als Vorläufer der späteren Stadtverordnetenversammlung angesehen werden. Bar jeglicher Machtbefugnisse gliederte sich der „Bürgerrat" als reines Anhörungsgremium nach parteipolitischer Zugehörigkeit in jeweils acht Christdemokraten und Kommunisten sowie sieben Liberale und fünf Sozialdemokraten. Rechenschaft schuldeten der Oberbürgermeister und die Stadträte aber nicht dem „Bürgerrat", sondern allein der Militärregierung.[4]

Die Regierung von Groß-Hessen schuf mit dem Gemeindewahlgesetz vom 15. Dezember 1945 und der zwei Tage darauf ergangenen Wahlordnung die Voraus-

Die

SPD **Liste 1**

ruft zur Kundgebung für die Frankfurter Stadtverordnetenwahl

am 19. Mai 1946

Zwölf Jahre Hitlerdiktatur mit den furchtbarsten Auswirkungen, die die Welt jemals kennen gelernt hat, liegen hinter uns. Der Krieg ist noch nicht vergessen. Millionen Väter und Söhne sind noch in Gefangenschaft oder vermißt. Ruinen klagen an. Not und Elend auf der ganzen Linie.
Die Sozialdemokratische Partei hat bis zum letzten Atemzuge im Jahre 1933 das Volk vor Hitler und seinen Trabanten gewarnt. Große Plakate kündeten damals an, Hitler bedeutet Krieg. Man hat der SPD keinen Glauben geschenkt. Deutschland mußte dafür bluten und bitteres Leid erleben.

Jetzt rufen wir erneut

Wir wollen den Neuaufbau des Staates.
Wir wollen aus den Trümmern Deutschlands ein besseres Reich aufbauen.
Wir wollen eine gerechte Verteilung der uns aufgelegten Lasten.
Wir wollen eine ausreichende Versorgung der Arbeitsinvaliden und Bedürftigen.

Dazu ist die Mitarbeit aller Bevölkerungsschichten, die es hiermit ehrlich meinen, nötig. Demokratie bedeutet Mithilfe und Mitverantwortung jedes Einzelnen. Demokratie verpflichtet aber auch zur Aufklärung über alle Fragen, die jeder Wähler und jede Wählerin wissen müssen, wenn es gilt, zur Wahlurne zu schreiten und den Stimmzettel abzugeben.

Deshalb rufen wir die Bevölkerung auf zur

Wählerversammlung

der Sozialdemokratischen Partei Groß-Frankfurt

am Sonntag, 19. Mai 1946, vormittags 9 Uhr

Bornheim (Nordost I u. II)

„Schauburg"

Es spricht: Genosse Kolb, Düsseldorf

Wir erwarten von der Bevölkerung Groß-Frankfurts, daß sie zu dieser Kundgebung in Massen erscheint.

Sozialdemokratische Partei
I. A.: Ewald.

setzungen für die ersten freien und demokratischen Kommunalwahlen nach 1933. Für Frankfurt wurde der 26. Mai 1946 zum Wahlsonntag erklärt. Nachdem die Militärregierung bereits am 1. September 1945 qua Bekanntmachung die Bildung politischer Parteien genehmigt hatte, bewarben sich SPD, CDU, KPD und LDP (später FDP) um sechzig Sitze in der künftigen Stadtverordnetenversammlung. Die heiße Wahlkampfphase wurde von den Parteien mit zahlreichen Veranstaltungen in Gaststätten und Kinos im Laufe des Aprils 1946 eingeläutet. Es war sicherlich ein kluger Schachzug der Frankfurter SPD, die kommunalpolitische Kompetenz der

Oberstadtdirektor Walter Kolb. Fotografie von Inge Presser 1946.

Sozialdemokratie zu unterstreichen, indem sie für die zentrale Kundgebung vor dem Urnengang den Oberstadtdirektor von Düsseldorf, Walter Kolb, als Hauptredner aufbot.[5]

Während die Parteien auf Stimmenfang gingen, arbeitete das Statistische Amt fieberhaft an neuen Wählerverzeichnissen. Das Wahlrecht beschränkte sich auf alle Deutschen über 21 Jahre, die seit mindestens sechs Monaten ihren Wohnsitz in Frankfurt hatten und nicht hauptberufliche Amtsträger in einer NS-Organisation gewesen oder der NSDAP vor dem 1. Mai 1937 beigetreten waren. Fehlerhafte und unvollständige Wählerlisten sorgten am 26. Mai 1946 in einigen Wahllokalen für erhebliche Konfusion und großen Unmut. Am Tag nach der Wahl hagelte es von allen Seiten Proteste. KPD und LDP, die mit 11,6 und 11,8 Prozent der Stimmen an der hohen 15 Prozent-Klausel gescheitert waren, bezweifelten die Gültigkeit der Wahl. Ohne Erfolg forderten die Liberalen gar Neuwahlen. Einstimmig erklärten die am 21. Juni 1946 im Saal des Polizeipräsidiums zur konstituierenden Sitzung versammelten Stadtverordneten die Wahl für gültig. Von 266.968 Wahlberechtigten hatten am Wahlsonntag 198.392 ihre Stimme abgegeben. Laut offiziellem Endergebnis entfielen 41 Prozent der Stimmen auf den Wahlsieger SPD und 35,1 Prozent auf die CDU, was einer Sitzverteilung von 32 zu 28 in der Stadtverordnetenversammlung entsprach. Das Stadtparlament ging in der Eröffnungssitzung sogleich in medias res und beschloß, die Stellen des Oberbürgermeisters und der Stadträte zur Wahl auszuschreiben.[6]

Von Bewerbern um das Amt des Oberbürgermeisters wurde entweder die Befähigung zum Richteramt oder zum höheren Verwaltungsdienst verlangt, außerdem durften sie zu keiner Zeit der NSDAP angehört haben. Die üblichen Bewerbungsunterlagen zuzüglich des großen Fragebogens der amerikanischen Militärregierung waren bis zum 15. Juli 1946 an den Vorsteher der Stadtverordnetenversammlung, Johannes Rebholz, zu richten. Kurz vor Ablauf der Bewerbungsfrist traf mit Datum vom 14. Juli 1946 bei Rebholz das von der Frankfurter SPD sehr wahrscheinlich längst erwartete Schreiben des Düsseldorfer Oberstadtdirektors, Walter Kolb, ein. Kolb empfahl sich zum Ende des Bewerbungsschreibens als geeigneten Kandidaten für das Amt des Frankfurter Oberbürgermeisters: „Aus alledem ergibt sich m. E. die Schlussfolgerung, dass ich mich den Aufgaben, die beim Neuaufbau der Stadt Frankfurt sich ergeben werden, gewachsen fühlen darf. Ferner, daß ich, der wegen seines konsequenten und mannhaften Eintretens für die Sache der deutschen Demokratie und ihrer sozialen Ausgestaltung in meinem bisherigen Leben durch 6 Gefängnisse und Lager hindurchgehen musste, neben aller selbstverständlichen Fachkenntnis die Lebenserfahrung und politische Reife mitbringe, die m. E. notwendig ist, um der alten deutschen Reichsstadt Frankfurt eine ihrer historischen Grösse und zukünftigen Bedeutung angemesssene und würdige Prägung zu geben."[7] Der den Bewerbungsunterlagen beigefügte Lebenslauf gibt beredt Auskunft über Kolbs Werdegang bis 1946.

Lebenslauf 1902–1946

Walter Kolb hat nie ein Wort über sein Elternhaus verloren. Angaben zur Familie finden sich lediglich auf einer am 23. Mai 1894 angelegten Karteikarte des Bonner Einwohnermeldeamts.[8] Demnach hatte der 1865 in Hof/Marienberg geborene Kaufmann Eduard Kolb am 4. Mai 1894 die Tochter eines Koblenzer Försters, Clementine Stichter, geheiratet. Erich, der erstgeborene Sohn von Clementine und Eduard Kolb, fiel am 16. Juli 1916 im Alter von zwanzig Jahren während des Stellungskriegs an der Somme. Der am 22. Januar 1902 in der Bonn-Poppelsdorfer Kurfürstenstraße 82 geborene Walter Eugen Kolb – Rufname Walter – hatte seinen älteren Bruder verloren. Walter Kolb besuchte das humanistische Gymnasium der

Oberschüler Kolb (✶) beim Hilfsdienst in Bonn um 1918.

Stadt Bonn und bestand am 5. März 1920 mit Erfolg das Abitur. Während Kolb in den geisteswissenschaftlichen Fächern durch die Bank mit der Note „gut" abschließen konnte, brachte das Reifezeugnis Schwächen in Mathematik und Physik (beide „nicht genügend") sowie im „mangelhaft" bewerteten Turnunterricht an den Tag. Von der Königlichen Prüfungskommission nach seinen beruflichen Zukunftsplänen befragt, gab der Abiturient an, Journalist werden zu wollen.[9]

Von 1920 bis 1924 studierte Kolb in Bonn und für ein Semester in München Jura und Volkswirtschaft. Kaum immatrikuliert, bezog das aktive SPD-Mitglied Stellung gegen die an den Universitäten weitverbreiteten antidemokratischen Strömungen. Unter Kolbs Regie wurde 1922 das „Republikanische Studentenkartell" gegründet, er selbst zum Vorsitzenden gewählt. Das Kartell hatte es sich zum Ziel gesetzt, „durch regelmäßige, großzügig vorbereitete Werbe-Veranstaltungen unter unserer Studentenschaft Aufklärung und Sympathien für den jungen deutschen Volksstaat zu schaffen, entschieden jeder Hochschulreaktion, zumal dem Nationalismus und Antisemitismus entgegenzutreten und Einfluß auf die studentische Selbstverwaltung auszuüben."[10] Kolb hatte eine glückliche Hand, wenn es darum ging, hochkarätige Redner für Veranstaltungen des Studentenkartells zu gewinnen. So kam im Jahr 1923 beispielsweise der Reichstagsabgeordnete Theodor Heuss nach Bonn, um über das Thema „Republik und Volksnot" zu sprechen. Der eigens aus Berlin angereiste Referent übernachtete bei Kolbs Eltern in der Kurfürstenstraße.[11]

Als Untersuchungshäftling in einer französischen Gefängniszelle 1923.

Als Republikaner und Verfechter der Reichseinheit mußte Kolb über kurz oder lang mit den auf der Grundlage des Versailler Vertrags in Bonn stationierten französischen Besatzungstruppen aneinandergeraten. Bei der Rückkehr von einem Studentenkongreß in Nürnberg wurde Kolb im August 1923 von französischen Kriminalbeamten auf dem Bonner Bahnhof verhaftet und ins Militärgefängnis in der Wilhelmstraße eingeliefert. Nach 18 Wochen Untersuchungshaft lautete die Anklage auf Verletzung der im Zusammenhang mit der Ruhrbesetzung verhängten Grenzsperre zwischen den besetzten Gebieten und dem übrigen Deutschen Reich sowie auf Eintreten für den passiven Widerstand gegen die Besatzungsmacht. Die von Frankreich verhängte Einzelhaft nutzte Kolb zur Niederschrift seiner schriftlichen Prüfungsarbeit für das erste juristische Staatsexamen.[12] Im März 1924 wurde der Fall Kolb vor dem französischen Militärgericht in Bonn verhandelt. Den Berichten der Lokalpresse zufolge verwandelte Kolb den Gerichtssaal in eine politische Bühne. Der Angeklagte beschwor das demokratische , „das andere Deutschland und seine schwarzrotgoldenen Symbole“ und beendete seine Verteidigungsrede mit der kategorischen Feststellung: „Das Deutschland von 1924 ist ein anderes als das von 1914."[13] Kolb erhielt schließlich wegen Verletzung des Einreiseverbots eine Haftstrafe von zweieinhalb Monaten, die mit der bereits verbüßten Untersuchungshaft verrechnet wurde. Als freier Mann konnte Kolb den Gerichtssaal verlassen.

Für den geübten Redner stellte die Verhandlung vor dem Militärgericht eine Sternstunde dar. Schon sehr früh hatte Kolb sein Talent als politischer Redner entdeckt. Kolbs Auftritte im gesamten westdeutschen Raum aber auch in Berlin, München oder Leipzig dokumentieren zwei Alben, in die er sorgfältig alle Presseberichte über seine Person einklebte.[14] Der erste, „Dem Volke" betitelte Band beginnt am 15. Juli 1920 mit einem Vortrag vor der Euskirchener Arbeiter-Jugend. Das zweite Album „Der Partei" verzeichnet die Vortragstätigkeit bis 1933 und den Neubeginn im Jahr 1945. Vor wichtigen Kommunal- oder Reichstagswahlen stand Kolb innerhalb einer Woche nicht selten an drei Abenden am Rednerpult. Auf Einladung der „Freiheitlichen Studentenschaft" der Johann Wolfgang Goethe-Universität reiste Kolb am 16. Dezember 1925 zum zweiten Mal in seinem Leben nach Frankfurt am Main. In einer Gaststätte an der Bockenheimer Warte sprach er zum Thema „Unser Kampf gegen die Reaktion an der Hochschule".

Kolb war freilich nie ein radikaler Sozialist. Die Weimarer Republik bildete seine politische Heimat. Der erste Reichspräsident Friedrich Ebert, dem zu Ehren Kolb im Auftrag des „Reichsbanners Schwarz-Rot-Gold" am 5. März 1925 in der Bonner Beethovenhalle eine Gedenkfeier organisierte, war ihm ein Vorbild.[15] Nachdem Kolb am 2. September 1924 dem „Reichsbanner Schwarz-Rot-Gold" beigetreten war, stieß er an Ostern 1927 zum sogenannten „Leuchtenburgkreis", einer linksbürgerlichen Gruppe der Jugendbewegung. Seit 1932 gehörte übrigens auch Willi Brundert, der spätere Oberbürgermeister von Frankfurt am Main (1964–1970), zum „Leuchtenburgkreis".[16] Ebenfalls 1927 wurde das „Republikanische Studentenkartell" zum „Deutschen Republikanischen Studentenbund" umgewandelt. Die Heidelberger Gründungsversammlung des Studentenbunds wählte Kolb zum Vorsitzenden. Ob Reichsbanner, Studentenbund oder „Leuchtenburgkreis", letztlich hatten die drei Organisationen, die untereinander Kontakt hielten, nur ein Ziel vor Augen: Die Verteidigung der Weimarer Republik gegen Angriffe der extremen Rechten und Linken.[17]

1924 trat Kolb als Gerichtsreferendar in den preußischen Staatsdienst ein, vier Jahre später legte er das Assessorexamen ab. Bevor er zum 1. Januar 1931 vom Bielefelder Landratsamt ins Ministerium für Landwirtschaft nach Berlin versetzt wurde arbeitete Kolb von 1924 bis 1930 als Regierungsreferendar beziehungsweise Regierungsassessor für verschiedene kommunale und staatliche Behörden des Rheinlands und Westfalens. In der Reichshauptstadt wurde Regierungsrat Kolb Innenminister Carl Severing (SPD) schon bald als integeres Verwaltungstalent empfohlen. Severing überzeugte sich von den Qualitäten des Regierungsrats und schickte ihn als kommissarischen Landrat Ende Februar 1932 nach Schmalkalden. Mit den Stimmen der SPD und der Deutschen Staatspartei vom Schmalkaldener Kreistag

Die unterzeichneten Organisationen rufen
die freiheitliche Studentenschaft Frankfurts
zu einer

Kundgebung gegen die fortschreitende Reaktion

an den deutschen Hochschulen auf.

Das vorgehen gegen linksgerichtete Professoren
uud Studenten in der letzten Zeit veranlasst
uns, Euch zu geschlossener Abwehr aufzurufen.
Denkt an die **„Fälle" Lessing u. Gumbel,**
denkt auch an die letzten Vorgänge in Wien,
München und hier in Frankfurt.

Kommt in unsere **Kundgebung** am
Mittwoch, den 16. Dez., abends 8 h c. t,
**im alkoholfreien Speisehaus an
der Bockenheimer Warte.**

Zu dem Thema:

Unser Kampf gegen die Reaktion an der Hochschule

spricht als Hauptreferent:

Regierungsreferendar Walter Kolb, Bonn.

Weitere Redner: **Fr. Belleville,** iur. **E. Posse,** rer. pol.

Republikanischer Studentenbund
(Sozialistische Studentengruppe)
(Demokratische Studentengruppe)
(Arbeitsgemeinschaft kath. republ. Studenten)
(Pazifistische Studentengruppe)
Freie Vereinigung sozialistischer Studenten.

Flirt im Grünen. Walter Kolb und Aenne Trimborn September 1931.

am 3. Mai 1932 im Amt bestätigt, avancierte der erst dreißigjährige Walter Kolb zum jüngsten Landrat Preußens. Eine glänzende Verwaltungskarriere lag vor ihm.[18] Zum beruflichen Erfolg gesellte sich privates Glück: In Opladen schloß Walter Kolb am 21. Mai 1932 mit der von ihm schon länger verehrten Anna Maria Elisabeth Trimborn, der Tochter des dortigen sozialdemokratischen Landrats Peter Trimborn, den Bund der Ehe.[19]

Die Bilderbuchkarriere bekam im August 1932 einen Knick, als Kolb ein Opfer der preußischen Sparverordnung und in den einstweiligen Ruhestand versetzt wurde. Es sollte allerdings noch viel schlimmer kommen. Nachdem Kolb vorübergehend im Regierungsbezirk Kassel Verwendung gefunden hatte, wurde er im Sommer 1933 auf der Grundlage des von den nationalsozialistischen Machthabern am 7. April 1933 erlassenen „Gesetzes zur Wiederherstellung des Berufsbeamtentums" aus dem Staatsdienst entlassen. Das Gesetz bot die rechtliche Handhabe, politische Gegner und Andersdenkende aus dem öffentlichen Dienst zu entfernen. Kolb, der sich bis zuletzt durch seine Auftritte als Redner exponiert hatte, stand auf der schwarzen Liste der Nazis weit oben. In Hameln hatten NS-Schlägertrupps am

6. Dezember 1930 erstmals eine Reichsbanner-Kundgebung, auf der Walter Kolb als Hauptredner sprechen sollte, gesprengt, indem sie eine brutale Saalschlacht anzettelten.[20] Nach einem vergeblichen Rechtfertigungsversuch gegenüber dem preußischen Innenminister Hermann Göring und seiner endgültigen Entlassung aus dem Staatsdienst spielte Kolb im August 1933 mit dem Gedanken, ins Exil zu gehen.[21] Schließlich zog er die innere Emigration vor und kehrte von Arnsberg nach Bonn zurück, wo er im Januar 1934 als Verwaltungsrechtsrat eine Anwaltskanzlei eröffnete. Pro forma trat Kolb 1934 der „Nationalsozialistischen Volkswohlfahrt e.V."(NSV) und 1937 dem „NS-Rechtswahrerbund" bei; die Mitgliedschaft erlosch in beiden Fällen bereits 1941. Kolb war kein aktiver Widerstandskämpfer. Von den Nazis Verfolgte und Bedrohte unterstützte er aber juristisch und materiell nach Kräften. Der ehemalige Vorsitzende der Bonner jüdischen Gemeinde, Arthur Samuel, dankte Kolb nach dem Krieg: „Je trostloser und hoffnungsloser die Situation für die Juden wurde, im selben Verhältnis stieg Ihre Hilfsbereitschaft und ihr tiefer Gerechtigkeitssinn für die Leiden der jüdischen Menschen, die Ihre Hilfe angingen."[22]
Vergeblich versuchte die Gestapo Kolb durch Vorladungen und Verhöre einzuschüchtern. 1941 durchkreuzte die Einberufung zur Wehrmacht das humanitäre Engagement. Als Gefreiter der Flakartillerie mußte Kolb auf verschiedenen Kriegsschauplätzen dienen, bevor er 1943 zur Militärverwaltung nach Nordfrankreich abkommandiert wurde. Dank des teils ererbten, teils erworbenen Hausbesitzes in Bonn, Beuel und Köln blieb das Ehepaar Kolb auch ohne Einkünfte aus der Anwaltspraxis von finanzieller Not verschont. Dagegen bedeutete der Tod einer Tochter nur einen Tag nach der Geburt am 8. Juli 1940 einen schweren Schicksalsschlag. Im fünften Kriegsjahr brachte Aenne Kolb am 27. Februar 1944 einen gesunden Sohn zur Welt, der auf den Namen Walter getauft wurde.[23] Doch schon bald zogen wieder dunkle Wolken am Horizont auf: Sofort nach dem gescheiterten Attentat auf Hitler vom 20. Juli 1944 wurde auch der unbeteiligte Kolb im Zuge einer Verhaftungswelle von der Gestapo abgeholt. Zwischenzeitlich wieder auf freiem Fuß, nahmen die Nazi-Schergen Kolb am 28. Dezember 1944 erneut in Haft. Böse Vorahnungen bewogen Kolb am 6. Februar 1945, im Kölner Schutzhaftgefängnis Klingelpütz sein Testament niederzulegen.[24] Während eines Gefangenentransports von Köln nach Berlin im März 1945 konnte Kolb im Bergischen Land entfliehen, untertauchen und das Kriegsende abwarten. Nur um Haaresbreite war er dem sicheren Tod entronnen.

Die britische Militärregierung holte nach Einstellung der Kampfhandlungen politisch unbelastete deutsche Verwaltungsfachleute in den öffentlichen Dienst zurück. Gerade erst von einem schweren, durch die Strapazen der Haft und der Flucht ausgelösten Nervenfieber genesen, wurde Kolb vom Oberpräsidenten der Nord-Rheinprovinz zum Vizepräsident im Regierungsbezirk Düsseldorf berufen. Nach zwölf Jahren war Kolb endlich wieder in seinem Element. Kolbs Tatendrang beein-

Kolb und Kameraden um 1943.

druckte offenbar auch die britische Militärregierung, die ihn am 1. Oktober 1945 gemäß der noch geltenden Deutschen Gemeindeordnung von 1935 zum Oberbürgermeister von Düsseldorf, dem „Schreibtisch des Ruhrgebiets", ernannte.[25] Die von den Militärs für die britische Zone zum 1. April 1946 geplante neue Deutsche Gemeindeordnung stellte Oberbürgermeister Kolb vor eine schwierige Entscheidung. In Anlehnung an die englische Kommunalverfassung schränkte die neue Gemeindeordnung die Machtposition des Oberbürgermeisters empfindlich ein, indem sie ihm als Vorsitzenden des Gemeinderats und politischen Repräsentanten einen mit der Leitung der Stadtverwaltung beauftragten Oberstadtdirektor zur Seite stellte. Dem Oberstadtdirektor war nach Paragraph 43 der neuen Gemeindeordnung jede aktive politische Betätigung im Gemeindebezirk strikt untersagt. In Düsseldorf nahm die Militärregierung die bevorstehende Reform vorweg und befahl dem Oberbürgermeister, gemäß ihrer „Directive on Administrative, Local and Regional Government" eine entsprechende Kommunalverfassung auszuarbeiten. Noch bevor die Stadtverordnetenversammlung am 29. Januar 1946 zur Annahme der neuen Stadtverfassung zusammentrat, mußte Kolb zwischen dem Amt des Oberbürgermeisters und dem des Oberstadtdirektors eine Wahl treffen, was ihm sichtlich schwer fiel.

Gegenüber der „Neuen Rheinischen Zeitung“ bekannte Kolb in einem im Januar 1946 veröffentlichten Interview: „Es fällt mir nicht leicht, mich zu entscheiden. Denn, sehen Sie, zwei Seelen wohnen ach in meiner Brust: die des Verwaltungsfachmannes, der eine gründliche Schule hinter sich hat, und die des Politikers, der nicht umsonst um seiner politischen Überzeugung willen viermal in Gestapo-Gefängnissen gesessen haben möchte, um nun von der politischen Tribüne abzutreten, sozusagen als politisch Entmannter.“[26] Nach langen Beratungen, unter anderem mit dem ehemaligen Reichsinnenminister Severing, entschied sich Kolb für den Posten des Oberstadtdirektors, was auch von der Militärregierung sehr begrüßt wurde. Die Düsseldorfer Stadtverordnetenversammlung wählte am 29. Januar 1946 Walter Kolb zum Oberstadtdirektor und den CDU-Politiker und späteren Ministerpräsidenten von Nordrhein-Westfalen, Karl Arnold, zum neuen Oberbürgermeister.[27]

Kolb war mit der neuen Situation unzufrieden. Das mit 20.000 Reichsmark im Vergleich zum Salär des Düsseldorfer Oberstadtdirektors um 2.000 Mark höhere Jahresgehalt des Frankfurter Oberbürgermeisters gab jedenfalls nicht den Ausschlag für Kolbs Bewerbung. Auch die von Kolb in einer Rede vor den Stadtverordneten am 10. Februar 1955 genannten Beweggründe für seinen Wechsel an den Main enthalten nur die halbe Wahrheit. Mit seinem Bekenntnis schmeichelte er mehr der Stadt, als daß er sich in die Karten schauen ließ: „Ich darf Ihnen sagen, daß ich diesem ehrenvollen Ruf gern gefolgt bin, denn die große demokratische, freiheitliche, wirtschaftliche und soziale Tradition Frankfurts ließ mich schon seit meiner Jugendzeit eine tiefe Verehrung für diese Stadt empfinden.“[28] Kolbs Hauptmotiv für den Weggang von Düsseldorf, nämlich die dem Oberstadtdirektor abverlangte politische Abstinenz, bestätigt eine in der „Kölnischen Rundschau“ vom 6. November 1954 abgedruckte Randbemerkung des Frankfurter Oberbürgermeisters. Kölner Journalisten, die über den Wiederaufbau der Stadt Frankfurt recherchierten, hatte Kolb bei einem gemeinsamen Mittagessen im Flughafen-Restaurant anvertraut, daß er mit dem Wechsel in die amerikanische Besatzungszone im August 1946 vor allem der zweigleisigen Gemeindeordnung der Briten aus dem Weg gehen wollte.[29]

Oberbürgermeister von Frankfurt

Mit den Stimmen der SPD wurde Walter Kolb am 25. Juli 1946 von der Frankfurter Stadtverordnetenversammlung zum Oberbürgermeister gewählt. Die Fraktion der Christdemokraten votierte geschlossen gegen den SPD-Kandidaten aus Düsseldorf. Der Wahl war ein erbitterter parteipolitischer Schlagabtausch um die Besetzung des hauptamtlichen Magistrats vorausgegangen. Wenngleich die Fraktionsvorsitzenden von SPD und CDU, Rudolf Menzer und Hans Wilhelmi, in der konstituierenden Sitzung der Stadtverordnetenversammlung vom 21. Juni 1946 noch einander hoch und heilig den Willen zur Zusammenarbeit versprochen hatten, so warf der Konflikt um den Posten des Oberbürgermeisters bereits zu diesem Zeitpunkt seinen Schatten voraus. Daß Wilhelmi die öffentliche Stellenausschreibung des Oberbürgermeisters als „Formalie" bezeichnete, die nicht zwangsläufig zu einem Wechsel an der Spitze der Stadtverwaltung führen müsse, weckte den Argwohn der SPD. Der seit einem Jahr amtierende Oberbürgermeister Kurt Blaum besaß nämlich das falsche, das christdemokratische Parteibuch. In geheimer Abstimmung kürten die sozialdemokratischen Stadtverordneten am 17. Juli den Düsseldorfer Oberstadtdirektor Kolb zum Kandidaten für das Amt des Oberbürgermeisters und unterstrichen damit als Partei mit der absoluten Mehrheit im Stadtparlament den Anspruch auf das nach dem Stadtverordnetenvorsteher höchste Amt in der Stadt. Zwischen Sozial- und Christdemokraten tat sich eine tiefe Kluft auf. Während die CDU nicht einsehen wollte, warum der bewährte Blaum durch einen mit den örtlichen Gegebenheiten kaum vertrauten Bewerber ausgetauscht werden sollte, kritisierte die SPD in der Stadtverordnetenversammlung vom 19. Juli den autoritären Führungsstil des amtierenden Oberbürgermeisters und reklamierte als stärkste Partei den ihr gebührenden Einfluß auf die Magistratsbildung. Zum Format des zukünftigen Oberbürgermeisters bemerkte Menzer, daß die Stadt mehr als einen Verwaltungsfachmann brauche.[30]

Die Fronten zwischen den beiden Parteien verhärteten sich. So scheiterte der sozialdemokratische Kompromißvorschlag vom 22. Juli, die elf besoldeten Magistratsposten mit sechs SPD- und fünf CDU-Kandidaten zu besetzen, an der Weigerung der Christdemokraten, die Personalpolitik der Sozialdemokraten in bezug auf das Amt des Oberbürgermeisters mitzutragen. Umgekehrt lehnte es die SPD ab, den gemischten Magistrat mit der CDU gemeinsam und den Oberbürgermeister alleine zu wählen. Zum Gegenvorschlag der Opposition sagte der neue sozialdemokratische Fraktionsvorsitzende Hermann Schaub in der „Frankfurter Rundschau": „Es liegt auf der Hand, daß eine Einigung zwischen zwei Parteien über die Wahl eines Magistrats nur möglich ist, wenn beide Parteien geschlossen für sämtliche Mitglieder des Magistrats stimmen."[31] Da beide Parteien auf ihren Standpunkten beharrten, wählten die Sozialdemokraten sehr zum Ärger der CDU am 25. Juli 1946 einen Magistrat mit dem Oberbürgermeister Walter Kolb im Alleingang.

Regierungspräsident Nischalke nimmt Kolb den Amtseid ab.

In Anbetracht der parteipolitischen Verstimmungen war bei der Festlegung der Sitzordnung für das festliche Abendessen zur Begrüßung des neuen Oberbürgermeisters am 31. Juli 1946 im Frankfurter Hotel „Monopol-Metropol" viel Fingerspitzengefühl vonnöten. Die anwesenden Fraktionsvorsitzenden Schaub und Wilhelmi waren keine Tischnachbarn. Neben Walter Kolb saßen Bürgermeister Altheim und Stadtverordnetenvorsteher Rebholz. Unter den 25 geladenen Gästen befanden sich der Intendant des Senders Radio Frankfurt, Eberhard Beckmann, der Direktor des Goethehauses, Ernst Beutler, der Landesvorsitzende der SPD, Willi Knothe, und der stellvertretende Landesvorsitzende der CDU, Köhler. Der Tag der Amtseinführung, der 1. August 1946, begann für Kolb mit einer offiziellen Begrüßung der Magistratsmitglieder, gefolgt von der Vorstellung beim Vertreter der Militärregierung, Oberst Francis Sheehan, im IG-Hochhaus.[32] Im Rahmen einer auf 17 Uhr in der Aula der Universität anberaumten feierlichen Sitzung der Stadtverordneten vereidigte Regierungspräsident Martin Nischalke (SPD) Walter Kolb als Frankfurter Oberbürgermeister und legte ihm die goldene Amtskette um. Bevor der neue Oberbürgermeister zu seiner ersten Amtshandlung schritt und die übrigen Magistratsmitglieder vereidigte, richtete er eine Rede an die Festversammlung. Ohne Umschweife kam Kolb auf den im Raum stehenden Parteienstreit im Vorfeld seiner Wahl zu sprechen. Unumwunden gab er die eigenen Bedenken zu, Düsseldorf, das ihn einstimmig zum Oberstadtdirektor gewählt hatte, mit Frankfurt zu vertauschen, wo ihn Auseinandersetzungen mit dem politischen Gegner erwarteten. Andererseits

Vor dem Hauseingang Lindenstraße 27. Fotografie von Kostich um 1950.

hätten ihn gerade die mit dem neuen Amt verbundenen hohen Anforderungen zur Annahme der Wahl gereizt. Kolb reichte im Verlauf seiner Antrittsrede der Opposition die Hand zur Versöhnung:

„Es ist ein Grundsatz der Gerechtigkeit und Objektivität, den wir Deutschen lernen müssen, einander zu achten, auch dann, wenn wir in anderen politischen Lagern stehen. Aus dieser Grundhaltung heraus, aus diesem eindeutigen und klaren Bekenntnis zur Demokratie, die eine sozial vernünftige Fundierung erfahren muss, wenn alle Volksschichten sich wohl fühlen sollen im Vaterhaus, betrachte ich meine Arbeit, [...], als der ganzen Bürgerschaft und nicht einem Teil derselben gewidmet. Für mich spielt es in der alltäglichen Arbeit keine Rolle, welcher Partei, welcher Konfession oder welcher Rasse der einzelne angehört. Für mich sind alle Bürger gleichen Rechts, die mit Sorgen zu mir und zu meinen Mitarbeitern kommen und dann in sachlich anständiger, wohlwollender und kameradschaftlicher Weise beraten werden. So sehen wir unsere Arbeit. Ich glaube, dass die grosse historische Aufgabe unserer Zeit darin liegt, in Deutschland, diesem Land der Mitte Europas – geistig wie geographisch –, die Synthese zu finden zwischen den grossen ethischen Kräften der modernen Arbeiterbewegung und den ewig gültigen Werten des Christentums."[33]
Die deutlichen Worte über Toleranz und Kooperationsbereitschaft ließen die anwe-

Kolbs Arbeitszimmer in der Lindenstraße. Fotografie von Kostich um 1950.

senden Oppositionspolitiker von der CDU aufhorchen. Der christdemokratische Fraktionschef Wilhelmi brachte in einer kurzen Ansprache die Hoffnung zum Ausdruck, daß es Kolb gelingen möge, die Differenzen zwischen SPD und CDU aus der Welt zu schaffen. Im nächsten Atemzug erneuerte Wilhelmi die Klage, daß zum Teil ortsfremde und nicht genügend qualifizierte Kandidaten von der SPD in den Magistrat gewählt wurden. Die nächste Runde im Konflikt um die Magistratsbildung zeichnete sich ab.[34] Ein Abendessen im Gasthof Traube im benachbarten Langen, zu dem Walter Kolb eingeladen hatte, beendete den Tag der Amtseinführung. Am nächsten Morgen kehrte Kolb noch einmal für einen Monat in die Landeshauptstadt von Nordrhein-Westfalen zurück. Nachdem Kolb seine Angelegenheiten in Düsseldorf geordnet hatte, trat er am 1. September 1946 den Dienst in Frankfurt an.[35]

Der Schreibtisch des Oberbürgermeisters stand in der Lindenstraße 27. Von 1941 bis 1945 hatte die „Geheime Staatspolizei" in dem Gebäude geschaltet und gewaltet und es als Ausgangspunkt zur Bespitzelung der Bevölkerung genutzt. Die Amtsgeschäfte des ersten frei gewählten Frankfurter Stadtoberhaupts der Nachkriegszeit regelte die vom Innenminister Groß-Hessens, Hermann Venedey, am 19. Juni 1946 bekanntgegebene Magistrats-Ordnung. Als oberstem Dienstherrn aller städtischen Mitarbeiter übertrug die Magistrats-Ordnung auf der Grundlage der Groß-Hessischen Gemeindeordnung vom 21. Dezember 1945 dem Oberbürgermeister die Leitung und Beaufsichtigung der Stadtverwaltung. Im von der Stadtverordnetenversammlung gewählten Magistrat führte der Oberbürgermeister als primus inter pares den Vorsitz; außerdem regelte er die Geschäftsverteilung unter den Magistratsmitgliedern. Beschlüsse des Magistrats, der sich im September 1946 in Frankfurt aus dem Oberbürgermeister, dem Bürgermeister, dem Stadtkämmerer sowie sieben haupt- und elf ehrenamtlichen Stadträten zusammensetzte, waren für den Oberbürgermeister verbindlich. Zur Arbeitsweise des Magistrats, in dem nicht überstimmt, sondern überzeugt werden sollte, äußerte sich Kolb laut Magistrats-Protokoll zu Beginn seiner zweiten Amtsperiode als Oberbürgermeister am 5. Juli 1948: „Im Magistrat solle nicht immer nach politischen, konfessionellen oder weltlichen Gesichtspunkten Rat gesucht und gefunden werden; sondern die Beschlüsse des Magistrats sollten getragen sein von der Verantwortung und dem Streben dem Besten der ganzen Bürgerschaft zu dienen."[36] Weiter stellte Kolb zum Verhältnis zwischen Stadträten und Stadtverordneten fest: „Selbstverständlich unterstehe der Magistrat der Stadtverordnetenversammlung, dessen Exekutivorgan er sei."[37]

Der Magistrat befaßte sich in nichtöffentlichen, in der Regel einmal pro Woche vom Oberbürgermeister einberufenen Sitzungen unter anderem mit der grundsätzlichen Organisation der Stadtverwaltung, dem Stellen- und Haushaltsplan sowie den Jahresrechnungen und Jahresberichten. Über die Vorlagen des Magistrats entschied als oberstes beschließendes und kontrollierendes Organ der Stadtgemeinde die Stadtverordnetenversammlung mit dem aus ihrer Mitte gewählten Stadtverordnetenvorsteher an der Spitze. Während sich die Amtszeit der elf ehrenamtlichen Stadträte mit der Wahlperiode der Stadtverordnetenversammlung deckte, befristete die Hauptsatzung der Stadt Frankfurt am 28. Juni 1946 die Amtsperiode der besoldeten Magistratsmitglieder zunächst auf zwei und ab 1948 auf sechs Jahre. Die Stadtkanzlei diente dem Magistrat als Geschäftsstelle.[38] Der Leiter der Stadtkanzlei, Oberverwaltungsdirektor Adolf Kohl, ein gebürtiger Frankfurter, der seit 1916 in der Stadtverwaltung arbeitete, wurde Kolbs rechte Hand.[39]

Kolbs Amtszeit in Frankfurt begann turbulent. Zum einen hatte sich die sozialdemokratische Stadtverordnetenfraktion, nachdem die Verhandlungen mit der CDU über die Magistratsbildung gescheitert waren, über eine nicht unwichtige und in Paragraph 41, Absatz zwei der Gemeindeordnung verankerte Empfehlung hinweggesetzt: „Zu Bürgermeistern und Beigeordneten sollen Persönlichkeiten gewählt werden, die das gemeinsame Vertrauen aller Gruppen der Bevölkerung genießen."[40] Zum anderen traf Kolb, als er am 1. September 1946 die Amtsgeschäfte aufnehmen wollte, nur noch einen Rumpfmagistrat an. Vier Schlüsselpositionen im hauptamtlichen Magistrat waren vakant. Während die Kandidaten für das Hochbau- sowie für das Fürsorge- und Gesundheitswesen, Köngeter und Bautzmann, ihre Wahl von vornherein nicht angenommen hatten, waren in Kolbs Abwesenheit auch noch

Magistratssitzung im Römer. Fotografie von Robert Vack um 1954.

Bürgermeister Karl Altheim und Stadtkämmerer Friedrich Lehmann aus ihren Ämtern ausgeschieden. Altheim wurde am 6. August 1946 unter dem Verdacht verhaftet, auf dem Fragebogen zur Entnazifizierung falsche Angaben über seine politische Vergangenheit gemacht zu haben. Das Mittlere Militärgericht verurteilte Altheim am 14. August, weil er sowohl seinen früheren Rang als SA-Rottenführer als auch sein Aufnahmegesuch in die NSDAP verschwiegen hatte, zu acht Monaten Gefängnis.[41]

Stadtkämmerer Lehmann wurde nach amtlicher Lesart am 7. August auf eigenen Wunsch aus Gesundheitsgründen zum 1. September 1946 in den vorzeitigen Ruhestand versetzt. Ein Jahre später von der „Frankfurter Neuen Presse" veröffentlichtes Porträt des Frankfurter Kämmerers von 1932 bis 1946 lüftete das Geheimnis um Lehmanns unerwarteten Rückzug aus der Stadtverwaltung. Nach dieser Version hatte der amerikanische Stadtkommandant die Amtsenthebung Lehmanns gefordert, weil dieser sich geweigert hatte, einige „Mitläufer" zu entlassen.[42] Derweil sich die Magistratskrise im August 1946 dramatisch zuspitzte, schoben sich die Parteipolitiker, was die Verantwortung für die verfahrene Situation betraf, gegenseitig den Schwarzen Peter zu.

Übergabe des wiederaufgebauten Eisernen Stegs am 2. November 1946. Fotografie von Kurt Weiner.

Schließlich riß der Militärregierung der Geduldsfaden. Sie stellte der Stadtverordnetenversammlung für die Wahl eines arbeitsfähigen, aus Sozial- und Christdemokraten gebildeten Magistrats ein Ultimatum. Um Neuwahlen zu vermeiden, rauften sich die Vertreter von SPD und CDU zusammen und besetzten am 26. September 1946 nahezu einmütig die vier vakanten Magistratsposten mit Bürgermeister Eugen Helfrich (CDU), Stadtkämmerer Georg Klingler (CDU), Stadtrat für Sozialwesen Rudolf Prestel (parteilos, später CDU) und Stadtrat für Hochbau Eugen Blanck (parteilos). Bis auf den Stadtrat für das Tiefbauwesen Adolf Miersch, der als Parteiloser zu den Liberalen tendierte, gehörten die bereits am 25. Juli 1946 zu hauptamtlichen Magistratsmitgliedern gewählten Stadträte der SPD an: Rudolf Menzer (Personal), Hellmut Reinert (Wohnungswesen und Rechtsamt), Heinrich Seliger (Schulen) und Georg Treser (Technische Werke).

Noch kurz vor den entscheidenden Nachwahlen zum ersten Frankfurter Nachkriegs-Magistrat hatte Hans Wilhelmi von der CDU in der Stadtverordnetenversammlung die Verdienste des neuen Oberbürgermeisters um die Beilegung der Magistratskrise gewürdigt. Walter Kolb war einer der Väter des Frankfurter „Mehr-

Kundgebung mit dem SPD-Vorsitzenden Kurt Schumacher auf dem Römerberg am 1. Juni 1947. Fotografie von Fred Kochmann.

parteienmagistrats", der bis zum 11. März 1972 Bestand haben sollte.[43] Im Herbst 1946 konnte sich der nunmehr komplette Magistrat endlich den drängenden Sachfragen zuwenden.

Über seine kommunalpolitischen Ziele informierte Oberbürgermeister Kolb die Bevölkerung in der Neujahrsbotschaft 1947. An erster Stelle stand die Förderung des Wohnungsbaus, es folgten die Wiederbelebung des Messe- und Ausstellungswesens sowie der Aufbau des Flughafens und der „Zweizonenverwaltung", wodurch nicht zuletzt auch Frankfurts Ruf als „heimliche Hauptstadt" Deutschlands gefestigt werden sollte. Walter Kolbs Herzensangelegenheit bildete aber eindeutig der Wiederaufbau der im Zweiten Weltkrieg zerstörten Paulskirche zur Jahrhundertfeier des ersten gesamtdeutschen Parlaments am 18. Mai 1948. Schon in seiner Antrittsrede als Frankfurter Oberbürgermeister hatte Kolb gefordert: „Wenn in zwei Jahren die Jahrhundertfeier der Paulskirche begangen wird, so wird damit die besondere Stellung Frankfurts erneut unterstrichen. Bis 1948 muß Frankfurt anders aussehen als heute."[44] Voraussetzung für den Wiederaufbau war die Enttrümmerung der Stadt.

Oberbürgermeister Kolb eröffnet den Bürgereinsatz zur Trümmerbeseitigung am 17. Oktober 1946.
Fotografie von Fred Kochmann.

Ein einziges Trümmerfeld

Das Bild mit dem Preßluftbohrer hat Walter Kolb unvergeßlich gemacht. Der Fotograf Fred Kochmann hatte am 17. Oktober 1946 genau im richtigen Moment den Auslöser betätigt, um die Beteiligung des Oberbürgermeisters am Bürgereinsatz zur Enttrümmerung im Bild festzuhalten.[45] Frankfurt lag nach Kriegsende als eine der mit am schwersten zerstörten Großstädte unter einer Trümmerschicht von fast 13 Millionen Kubikmetern begraben. Der Schriftsteller Max Frisch notierte im Mai 1946 in seinem Reisetagebuch: „Wenn man in Frankfurt steht, zumal in der alten Innenstadt, und wenn man an München zurückdenkt: München kann man sich vorstellen, Frankfurt nicht mehr. Eine Tafel zeigt, wo das Goethehaus stand. Daß man nicht mehr auf dem alten Straßenboden geht, entscheidet den Eindruck: die Ruinen stehen nicht, sondern versinken in ihrem eigenen Schutt, und oft erinnert es mich an die heimatlichen Berge, schmale Ziegenwege führen über die Hügel von Geröll, und was noch steht, sind die bizarren Türme eines verwitterten Grates; einmal eine Abortröhre, die in den blauen Himmel ragt, drei Anschlüsse zeigen, wo die Stockwerke waren."[46] Max Frischs Kollege und Gründer der „Gruppe 47", Hans Werner Richter, stellte zum trostlosen Anblick der Städte nüchtern fest: „Das Kennzeichen unserer Zeit ist die Ruine."[47]

Feindliche Bomberverbände hatten erstmals im Juni 1940 Kurs auf Frankfurt am Main genommen. Der erste von zwölf schweren Großangriffen aus der Luft erfolgte am 4. Oktober 1943 und forderte unter der Zivilbevölkerung etwa 600 Todesopfer. Die am 18., 22. und 24. März 1944 über Frankfurt abgeworfenen Bombenteppiche legten die Innenstadt endgültig in Schutt und Asche. Während des Zweiten Weltkriegs starben in Frankfurt 5.647 Menschen im alliierten Bombenhagel. Bei Kriegsende trauerte die Stadt um rund 33.000 Opfer der NS-Diktatur. Unter den Toten befanden sich mehr als 10.000 deportierte und ermordete Frankfurter Juden.[48] Die Hälfte der circa 269.000 in der Stadt ausharrenden Einwohner war bei Kriegsende im Grunde genommen obdachlos. Standen vor Kriegsbeginn 553.000 Einwohnern in Frankfurt 177.570 Wohnungen zur Verfügung, mußte sich die infolge von Evakuierungen und Kriegseinwirkungen um über die Hälfte geschrumpfte Bevölkerung 1945 in den vorhandenen 44.000 unversehrten und 53.000 zum Teil stark zerstörten Wohnungen einrichten. Zeitlebens wurde Walter Kolb nicht müde, an die Ursachen des mörderischen Bombenkriegs zu erinnern.

Zehn Jahre nach dem Untergang der Frankfurter Altstadt bezeichnete der Oberbürgermeister das Vernichtungswerk in einer Rede vor den Stadtverordneten am 18. März 1954 als „Quittung" für „die Worte des größten und grausamsten Tyrannen, der da mit infernalischem Haß die Worte sprach: 'Wir wollen ihre Städte ausradieren' und dessen Vorhaben sich dann wie ein Bumerang auf unsere deutschen Städte übertrug."[49]

Bittere Not bestimmte den Alltag der ersten Nachkriegsjahre. Rückkehrer und Zuzügler – im Herbst 1946 zählte Frankfurt schon wieder 424.000 Einwohner – verschärften die ohnehin dramatische Wohnungsnot und Lebensmittelknappheit. Der Mangel an Saatgut und Düngemitteln, der daraus resultierende Rückgang der Erträge, der Verlust der Kornkammern im Osten sowie fehlende Transportmittel ließen insbesondere die Großstädter Hunger leiden. Lebensmittel und praktisch alle Artikel des täglichen Bedarfs waren als Mangelwaren rationiert und nur gegen Bezugsscheine erhältlich. Die Verteilung der Lebensmittel verantwortete seit dem 9. April 1945 das städtische Ernährungsamt. Woche für Woche wurde die Höhe der alle sieben Tage ausgegebenen Rationen neu festgelegt. Anstelle der erforderlichen 2.300 bis 2.500 Kalorien pro Tag sanken die seit Kriegsbeginn ohnehin knapp bemessenen Rationen nach Kriegsende noch unter das Existenzminimum von täglich 1.600 Kalorien für den Normalverbraucher. Das war zum Leben zuwenig, zum Sterben zuviel.[50] Die jahrelange Unterernährung wirkte sich auf die Konstitution der Menschen verhängnisvoll aus. Im Verhältnis zur Vorkriegszeit verdoppelte sich nach 1945 die Säuglingssterblichkeit, unter den Erwachsenen stieg die Mortalität um etwa fünfzig Prozent. Daß nicht nur die körperliche, sondern auch die seelische Verfassung unter der Mangelernährung gelitten hatte, geht aus einer Bemerkung der städtischen Pressestelle vom April 1948 hervor: „Weite Kreise unseres Volkes befinden sich heute in völliger Apathie. Der Hunger hat sie stumpf gemacht.“[51]

Mit Schwarzmarktgeschäften, Tauschhandel oder „Hamsterfahrten“ versuchte die notleidende Bevölkerung über die Runden zu kommen. Bereits im März 1946 hatte General Lucius D. Clay die Versorgungslage als so bedenklich empfunden, daß er die amerikanische Öffentlichkeit um Hilfslieferungen bat. Zugespitzt formuliert lautete der Tenor seines Aufrufs: Mit einem hungernden Volk ist keine Demokratie aufzubauen. Tatsächlich steigerten die USA und mit Abstrichen auch Großbritannien die monatlichen Lebensmittellieferungen an die deutsche Bevölkerung in den beiden Besatzungszonen von 50.100 Tonnen im Jahr 1945 über 262.900 Tonnen im darauffolgenden, auf 361.000 Tonnen im übernächsten Jahr. Wie im Schlaraffenland dürften sich die ausgehungerten Empfänger beim Öffnen eines CARE-Pakets gefühlt haben. Amerikanische Wohltätigkeitsgesellschaften hatten im November 1945 die Initiative „Cooperative for American Remittance to Europe“ (CARE) ins Leben gerufen. Spender finanzierten mit einem Beitrag von 15, später zehn Dollar ein CARE-Paket mit Nahrungsmitteln, Kleidung oder Drogerieartikeln. Von 1946 bis 1949 gelangten über 1,74 Millionen Pakete in die amerikanische Besatzungszone.[52] Die Hilfsmaßnahmen vermochten den Hunger allerdings nur sporadisch zu stillen. Zu allem Unglück warf eine Mißernte im Jahr 1947 die Bemühungen um eine Verbesserung der Versorgungslage zurück. Oberbürgermeister Kolb nutzte die Einweihung der wiederhergestellten Alten Brücke am 13. September 1947, um die Einwohnerschaft auf die drohende Hungersnot im Winter 1947/48 vorzubereiten. Eindringlich warnte Kolb vor Hungerdemonstrationen oder Streiks. Unruhen wür-

Schulkinderspeisung in der Günthersburg-Schule.
Fotografie von Fred Kochmann Oktober 1946.

den nur das Vertrauen der Vereinigten Staaten in den Aufbauwillen der Deutschen erschüttern und die in Aussicht stehenden Hilfsaktionen gefährden. Kolb appellierte an die Frankfurter: „Wir wollen diesen Winter gemeinsam miteinander durchstehen. Und glauben Sie mir, Mitbürger, er ist für uns genau so schwer wie für Sie."[53] Aufs Ganze gesehen bekamen die Behörden den Kalorienmangel erst nach der Währungsreform im Sommer 1948 in den Griff.

Die fünfziger Jahre standen im Zeichen des Wiederaufbaus. Das Leben in Provisorien und die Enttrümmerung prägten die Nachkriegszeit. Um passierbare Hauptverkehrsstraßen kümmerte sich seit dem 22. April 1945 eine auf Befehl der Militärregierung am Bauamt neu geschaffene Dienststelle „Straßenräumung". Mit der Beschlagnahmung sämtlicher Gebäudetrümmer in Frankfurt übernahm die Kommune am 20. Dezember 1945 die Aufräumungsarbeiten in toto. Da der einzelne Hausbesitzer, auf sich selbst gestellt, in der Regel mit dem Abtransport und der Entsorgung der Schuttmassen überfordert war, hatte Oberbürgermeister Blaum keinen anderen Ausweg als die Beschlagnahmung gesehen, um die Stadt baldmöglichst von den wie ein Alpdruck auf ihr lastenden Trümmern zu befreien. Im Auftrag der Stadt machte sich die am 18. Oktober 1945 gegründete, gemischtwirtschaftliche Trümmer-Verwertungs-Gesellschaft mbH ans Werk.[54]

Der Aufruf zum Bürgereinsatz gab am 9. Oktober 1946 das Signal zur systematischen Enttrümmerung der Stadt. Als Unterzeichner rief ein breites gesellschaftliches Bündnis mit Oberbürgermeister Kolb und Stadtverordnetenvorsteher Rebholz an der Spitze die Bürger Frankfurts auf, sich freiwillig und ehrenamtlich zwei Tage lang an den Aufräumungsarbeiten in den Straßen zu beteiligen. „Jeder muß wissen", so die Initiatoren, „daß es von seiner Einsatzfreudigkeit abhängt, wie lange es dauern wird, bis an der Stelle der Schutthügel wieder menschliche Behausungen stehen."[55] Der Magistrat und die Stadtverordnetenversammlung versprachen, mit gutem Beispiel voranzugehen und selbst zur Schippe zu greifen. In den frühen Morgenstunden des 17. Oktober 1946 fanden sich Stadträte und Stadtverordnete – einer Bitte von Bürgermeister Helfrich entsprechend – „nicht im Stehkragen, sondern in Arbeitskleidung"[56] im Handwerkersaal des Stadtgesundheitsamts ein, um in einer Sondersitzung den Bürgereinsatz feierlich zu eröffnen.

Publikumswirksam schippte und bohrte sich Walter Kolb am 17. Oktober 1946 durch die Trümmerhaufen auf dem Römerberg und geradewegs in die Herzen der Frankfurter hinein. Schon nach wenigen Wochen seiner zehnjährigen Amtszeit stellte Kolb die Symbolfigur für den Wiederaufbau der Stadt dar. Der Leiter des Bürgereinsatzes Freibig lobte im November 1946 das vorbildliche Engagement der Sportler: „Die Sportsleute sind unsere besten Freiwilligen."[57] Während sich beispielsweise 200 Mitglieder der Frankfurter Eintracht an den Aufräumungsarbeiten am Roßmarkt beteiligten und Angehörige des Sport-Clubs 1880 den Kaisersaal im Römer freilegten, schippte die Sportgemeinschaft Rot-Weiß am Eschenheimer Turm. Bevor ein Kälteeinbruch an Weihnachten 1946 den Bürgereinsatz unterbrach, hatten 8.200 Freiwillige Römerberg, Paulsplatz, Weckgasse, Roßmarkt, Hochstraße und Große Gallusstraße weitgehend von den Trümmern befreit.[58]

Der von allen Seiten begrüßte Bürgereinsatz wurde nur von der KPD bekämpft. In einer von der „Frankfurter Rundschau" am 10. Oktober 1946 direkt neben dem Aufruf zur Trümmerbeseitigung abgedruckten Stellungnahme rechtfertigten die Kommunisten ihr Fernbleiben: „Wir sind der Meinung, daß der Bürgereinsatz nur dann zu verantworten ist, wenn Garantien vorliegen, daß alle männlichen Einwohner ohne jede Ausnahme sich an der Trümmerbeseitigung beteiligen. Wir haben begründete Bedenken, daß sich alle jene von der Arbeit drücken werden, die in erster Linie Veranlassung hätten, durch ihre Teilnahme an diesen Arbeiten wiedergutzumachen. Wir befürchten, daß die Arbeiterschaft und die minderbemittelte Bevölkerung die Hauptlast an der Enttrümmerung tragen werden."[59] Oberbürgermeister Kolb, der über die „nutzlose Kritik" sehr verärgert war, versuchte es dennoch im guten und diskutierte Anfang Februar 1947 als Gast bei einer KPD-Versammlung über das Konzept des Bürgereinsatzes und der TVG. Der Konflikt eskalierte jedoch erst nach dem in sachlicher Atmosphäre, aber ohne Annäherung der Standpunkte beendeten Streitgespräch, als die KPD in der Stadt Plakate mit der Überschrift „Enttrümmerung für wen?" anschlug. Darauf schürten die Kommunisten

V.r.n.l.: Oberbürgermeister Kolb, der Vorsitzende der Frankfurter SPD, Wilhelm Knothe, und Stadtverordneter Hermann Schaub. Fotografie von Heinz Jürgen Göttert Oktober 1946.

unter dem Motto, während die Kleinen schippen, drücken sich die Großen, erneut Zweifel am Bürgereinsatz, außerdem verunglimpften sie die TVG als monopolkapitalistisches Unternehmen, das aus der Enttrümmerung Profite zog.

Die Stadtverordnetenversammlung ließ die KPD-Plakate umgehend mit einer vom Magistrat am 20. März 1947 unterzeichneten gedruckten Gegenerklärung überkleben. Das offizielle Plakat nahm vor allem die TVG, an der die Stadt die Mehrheit des Kapitals hielt und mit Oberbürgermeister Kolb den Aufsichtsratsvorsitzenden stellte, gegen die kommunistischen Angriffe in Schutz und betonte noch einmal, daß die Enttrümmerung der Stadt jeden einzelnen angehe.[60] Der im April 1947 fortgesetzte Bürgereinsatz fand in der Bevölkerung freilich nur noch geringe Resonanz und wurde, nachdem sich im August nicht mehr als 95 Helfer gemeldet hatten, im September 1947 ganz eingestellt. Im Namen der Stadt zeichnete Oberbürgermeister Kolb die Freiwilligen für den gezeigten „demokratischen und sozialen Aufbauwillen" mit einer Ehrenurkunde aus.[61]

Das mit dem Bürgereinsatz eng verbundene Projekt, ein „Ehrenmal für das unbekannte Opfer der Zerstörung der Stadt Frankfurt am Main" zu errichten, verlief,

Signet im Briefkopf der Trümmer-Verwertungs-Gesellschaft 1948.

nachdem die erste Euphorie vorbei war, ebenfalls im Sande. In der Sondersitzung am Morgen des 17. Oktober 1946 hatte die Stadtverordnetenversammlung den Beschluß gefaßt, den ersten beim Bürgereinsatz aus den Trümmern geborgenen Leichnam in einem auf dem Sockel des ehemaligen Bismarck-Denkmals aufzustellenden Sarkophag beizusetzen. Zugleich wurde der 3. März zum Gedenktag der Zerstörung Frankfurts im Zweiten Weltkrieg erklärt. Als die freiwilligen Helfer am 2. November 1946 bei Aufräumungsarbeiten zwischen Baum- und Mauerweg die sterblichen Überreste eines Verschütteten entdeckten, wurden die Leichenteile separat beigesetzt, so daß einer späteren Umbettung in das Mahnmal nichts im Wege stand. Zwei Jahre später stellte der Magistrat allerdings das Vorhaben wegen der angespannten Finanzlage der Stadt vorerst zurück.[62]

Der Vorsitzende des „Bundes tätiger Altstadtfreunde", Fried Lübbecke, erinnerte im April 1953 an den in Vergessenheit geratenen Beschluß der Stadtverordneten, ein Mahnmal für die Opfer des Bombenkriegs aufzustellen, und schlug den Ankauf eines die Grausamkeit des Krieges darstellenden Hochreliefs von Benno Elkan vor. Von Oberbürgermeister Kolb mit der Prüfung der Eingabe Lübbeckes beauftragt, holte das Amt für Wissenschaft, Kunst und Volksbildung ein gemeinsames Gutachten beim Direktor des Städelschen Kunstinstituts, Ernst Holzinger, und beim Direktor der Bildhauerklasse an der Städelschule, Hans Mettel, ein. Die beiden Professoren befanden in ihrer Stellungnahme vom 9. Juni 1953 das „Elkan-Denkmal" für ungeeignet: „Sicher ist es eine Anklage, aber die meisten werden es nur als Anklage gegen Deutschlands Gegner im Krieg empfinden, nicht als Anklage gegen sich selbst, worauf es doch ankäme bei so viel eigener Schuld. Damit würde ein solches Denkmal aber nicht nur missverstanden, sondern geradezu zur geistigen Gefahr."[63] Nachdem monatelang die Beibehaltung eines Ruinenfelds und schließlich die Aufstellung des Mahnmals im Karmeliterkloster diskutiert worden war, verschwand das Projekt 1954 wieder in der Versenkung.[64] Heute erinnert eine 1978 von dem Bildhauer Willy Schmidt entworfene und im Kopfsteinpflaster zwischen dem Technischen Rathaus und der Kunsthalle Schirn eingelassene Gedenktafel aus Bronze an die Luftangriffe auf Frankfurt im Zweiten Weltkrieg. In Abweichung von der sonst genannten Zahl von 13 Millionen Kubikmetern endet die Inschrift mit der

Luftaufnahme der größtenteils enttrümmerten Frankfurter Altstadt im September 1952.

Feststellung: „Bei Kriegsende bedeckten 17 Mio. cbm Trümmer die Stadt, die um 14701 Gefallene und 5559 Bombenopfer trauerte."

Wenn die Aufräumungsarbeiten in dem gleichen Tempo wie bisher weitergehen würden, unkte die „Frankfurter Rundschau" in einem Beitrag zur Enttrümmerung vom 9. November 1946, werde die Stadt frühestens im Jahr 2011 „trümmerfrei" sein. Die Prognose stellte sich als Schwarzmalerei heraus, denn die TVG konnte bereits im Jahr 1964 mangels Trümmer aufgelöst werden.[65] Von der Stadt Frankfurt als Hauptgesellschafterin und den drei Aktiengesellschaften Philipp Holzmann, Metallgesellschaft sowie Wayss & Freitag am 18. Oktober 1945 mit einem Stammkapital von eineinhalb Millionen Reichsmark gegründet, war die Trümmer-Verwertungs-Gesellschaft mbH erst 1950 voll betriebsfähig geworden. Der Auftrag der TVG umfaßte kurz gesagt die Lenkung und Leitung der Enttrümmerung sowie die Errichtung und den Betrieb einer Aufbereitungsanlage zur Gewinnung von neuen Baustoffen aus den Trümmern. Der geordnete Abtransport des Schutts kam im Sommer 1946 auf Touren. Von 1946 bis 1948 pendelte die im Volksmund sarkastisch „Adolf-Hitler-Gedächtnis-Express" genannte Trümmerbahn zwischen Scheffelstraße und dem vis-à-vis dem Ostpark gelegenen Gelände der TVG am Ratsweg. Die

Trümmerbahn. Fotografie von Kurt Weiner August 1946.

wenigen fahrtüchtigen Lastautos transportierten die Trümmer auf dem kürzesten Weg nur bis zu den drei Umschlagstellen Scheffelstraße, Baumweg und Rotteckstraße, von wo aus der Schutt in von einer Dampflokomotive gezogenen Kipploren zur TVG auf dem ehemaligen „Eintracht"-Sportplatz verbracht wurde. Im Geschäftsjahr 1947 verwertete die TVG knapp 200.000 Kubikmeter Trümmerschutt in provisorischen Fertigungsanlagen zu rund 490.000 Dach- und 540.000 Mauersteinen. Das komplett funktionstüchtige Werk stellte 1954 sage und schreibe 23 Millionen Vollsteine, 6,6 Millionen Hohlblocksteine und 300.000 Quadratmeter Deckensteine her. Das neue Frankfurt entstand buchstäblich aus den Trümmern der alten Stadt. Der Aufsichtsratsvorsitzende der TVG, Oberbürgermeister Kolb, schrieb in einem Grußwort zum zehnjährigen Bestehen der Gesellschaft: „Die alten Steine unserer Stadt, die unsere Vorfahren Jahrhunderte hindurch zu den gediegenen, schönen Bauten Frankfurts zusammengefügt hatten und die der unselige Krieg dann vernichtete, diese alten, ehrwürdigen Trümmerreste werden hier im Ostpark zu neuen Bausteinen verarbeitet, aus denen das heutige Frankfurt erwachsen ist."[66]

Bedauerlicherweise landeten auch Überreste wertvoller Bauplastik und andere erhaltungswürdige Gemäuer im Kreiselbrecher der Aufbereitungsanlage am Ratsweg. Der Direktor des Historischen Museums, Albert Rapp, hatte in Anwesenheit des Oberbürgermeisters schon bei der Eröffnung der Ausstellung „Unsere Stadt" am

8. Juli 1950 öffentlich kritisiert, daß aufgrund mangelnder Sorgfalt bei der Enttrümmerung manch historisch wertvolles Baudenkmal vernichtet worden sei.[67] Bevor Sprengkommandos im Auftrag der TVG einsturzgefährdete Altstadthäuser niederlegten, durchforsteten Sachverständige das Gelände, um Relikte der Stadtgeschichte sicherzustellen. Attraktive Fundstücke sollen damals am Depot des Historischen Museums vorbei in den Sammlungen betuchter Privatleute auf Nimmerwiedersehen verschwunden sein. So ist zum Beispiel das seinerzeit komplett geborgene Erdgeschoß des „Großen Engel" bis heute verschollen.[68] Da, bedingt durch die fortschreitende Verwitterung, ständig neue Gefahrenstellen auftraten, befand sich die TVG, was die Beseitigung einsturzgefährdeter Ruinen betraf, in einem Wettlauf mit der Zeit. Ein Sturm der Windstärke zehn brachte am 1. März 1949 zahlreiche Ruinen zum Einsturz. Die erschütternde Bilanz: acht Tote und 38 Verletzte. Der Abriß instabiler Gebäude wurde daraufhin forciert, wofür die Stadtverordnetenversammlung zusätzliche Mittel in Höhe von einer Million Mark bereitstellte. Bis 1955 hatte die TVG den Abbruch von insgesamt über 9.000 Objekten veranlaßt. Zehn Jahre nach Kriegsende waren mit 9,5 Millionen Kubikmetern fast dreiviertel des Trümmerschutts entsorgt.[69]

Die Paulskirche – das „Haus aller Deutschen"

Nichts lag Walter Kolb mehr am Herzen als der Wiederaufbau der im Krieg zerstörten Paulskirche. Für den überzeugten Demokraten war der Ort, an dem vom 18. Mai 1848 bis zum 30. Mai 1849 mit der Frankfurter Nationalversammlung das erste gewählte gesamtdeutsche Parlament getagt und am 27. Dezember 1848 die den bürgerlichen Rechtsstaat garantierenden „Grundrechte des Deutschen Volkes" verabschiedet hatte, ein Nationalheiligtum. „Wenn in der Frankfurter Paulskirche von 1848 der Beginn der deutschen Demokratie zu sehen ist, dann wollen wir", so Kolbs Vision, „in der Frankfurter Paulskirche von 1948 die Wiedergeburt des deutschen demokratischen Staates erblicken, der nun aber, nach der grauenvollen Episode von 1933 bis 1945 zum unverlierbaren Besitz der deutschen Nation werden soll."[70] In der für die Zukunft der Paulskirche entscheidenden Magistratssitzung vom 6. November 1946 bekannte Kolb, daß ihn der Wiederaufbau des Symbols der deutschen Demokratie am Amt des Frankfurter Oberbürgermeisters ganz besonders gereizt habe.[71]

Die Weichen für den Wiederaufbau der Paulskirche hatten andere schon vor Kolbs Ankunft gestellt. Unter dem Datum des 21. Februar 1946 erkundigte sich der Kirchenvorstand der Paulsgemeinde bei Oberbürgermeister Blaum, ob seitens der

Kolbs Lieblingsprojekt. Modell der Paulskirche in der Berliner Ausstellung „1848“ im März 1948.

Stadt irgendwelche Vorüberlegungen für die Jahrhundertfeier der Nationalversammlung 1948 und den Wiederaufbau der am 18. März 1944 nach einem Luftangriff ausgebrannten und bis auf die Außenmauern zerstörten Paulskirche existierten. Das von Fried Lübbecke für den Oberbürgermeister entworfene Antwortschreiben verwies auf die laufenden Vorarbeiten, stufte aber die Chancen für einen raschen Wiederaufbau unter den gegebenen Umständen für sehr gering ein. Die Planungen konzentrierten sich, so die Auskunft des mit den Vorbereitungen für die Paulskirchenfeier beauftragten Lübbecke, auf einen Festakt in der enttrümmerten Ruine.[72] Gerade noch rechtzeitig erkannten die Verantwortlichen die Signalwirkung einer zur Jahrhundertfeier wiederhergestellten Paulskirche für den demokratischen Neubeginn nach 1945. Oberbürgermeister Blaum informierte am 11. April 1946 den „Bürgerrat“ über die Absicht, die Paulskirche zum Gedenken an die demokratischen Traditionen des Landes bis zum 18. Mai 1948 wiederherzurichten. Dabei brachte Blaum auch die Verwendung der Kirche als Versammlungsort für das zukünftige deutsche Parlament ins Spiel. Der am 1. Juni 1946 von der Stadt Frankfurt ausgeschriebene Ideenwettbewerb machte es den teilnehmenden Architekten zur Auflage, unter Verwendung der Mauerreste die variable Nutzung der Paulskirche als Gotteshaus und Tagungsraum einzuplanen. Im übrigen gewährte der Ausschreibungstext, der neben der Kirchen- und Platzgestaltung auch ein angrenzendes Verwaltungsgebäude beinhaltete, den Teilnehmern größtmögliche Freiheiten. Die originalgetreue Rekonstruktion der alten Paulskirche war kein Muß. Teilnahmeberechtigt waren alle in Groß-Hessen gemeldeten, nicht von den Gesetzen der Entnazifizierung betroffenen Architekten.[73]

Nach Ablauf des Abgabetermins, des 16. Septembers 1946, lagen dem Preisgericht 109 Entwürfe vor. In der Jury, die vom 2. bis 7. Oktober 1946 tagte, hatte Walter Kolb inzwischen den Platz von Kurt Blaum eingenommen. Ferner amtierten der Darmstädter Professor Gruber, der Regierungsbaudirektor Bach aus Wiesbaden sowie Stadtbaudirektor Fischer und Architekt Assmann, beide aus Frankfurt, als Preisrichter. Den mit 3.000 Reichsmark dotierten ersten Preis vergab die Jury an den Architekten Gottlob Schaupp (Frankfurt/Bad Homburg). Zwei zweite Preise gingen an die Frankfurter Architektengemeinschaft Franz C. Throll und Ferdinand Rupp sowie den Bad Sodener Architekten Wagner. Die Jury hatte sich für die Beibehaltung des durch Kriegseinwirkung wieder freigelegten ursprünglichen Innenraums und gegen eine historische Kopie ausgesprochen. Im Unterschied zu dem Vorschlag von Throll und Rupp, der sich stark am Status quo ante orientierte, verzichtete Schaupps Entwurf auf die früher vorhandene Empore samt Zwischendecke, wodurch die ursprüngliche Schlichtheit des Innenraums betont und die hohen Fenster wieder freigelegt wurden. Den zeitbedingten Mangel an Baumaterial und Arbeitskräften berücksichtigend, unterteilte Schaupp den Wiederaufbau der Paulskirche in zwei Bauabschnitte. Bis zur Jahrhundertfeier sollte das Gebäude unter Verwendung einer nur provisorischen Dachkonstruktion behelfsmäßig hergerichtet und anschließend in einem zweiten Bauabschnitt ohne Zeitdruck endgültig fertiggestellt werden. Ebenfalls auf die Zeit nach dem 18. Mai 1948 verschob Schaupp den Bau eines hufeisenförmigen Verwaltungstrakts an der Ostseite der Paulskirche, der den Vorplatz vom Straßenverkehr abschirmen sollte.[74]

Die Jury stellte an die Entwürfe für den Wiederaufbau der Paulskirche allerhöchste Ansprüche. Die hochgeschraubten Erwartungen der Preisrichter begründete der Vertreter des Oberbürgermeisters in der Jury, Stadtbaurat Eugen Blanck, am 4. November 1946 in einem Zwischenbericht über die Vorbereitungen für den Wiederaufbau der Paulskirche: „Dabei ist auch zu bedenken, dass die Wiederherstellung der Paulskirche als deutsches Nationalsymbol eine Angelegenheit ist, die weit über die Stadt Frankfurt a. M. hinaus die Gemüter in Deutschland beschäftigen wird. Der Bau der Paulskirche ist die erste grosse monumentale Gestaltungsaufgabe nach 12jähriger Verfallszeit, die für die geistige Haltung des deutschen Volkes vor der Welt Zeugnis ablegen muß."[75] Keinen der 109 eingereichten Entwürfe, auch nicht den prämierten Schaupps, hielt das um Oberbürgermeister Kolb versammelte Preisgericht für baureif. Von Stadtbaurat Blanck eingefädelt, beauftragte die Stadt noch im November 1946 die Architekten Gottlob Schaupp und Rudolf Schwarz mit der Projektbearbeitung. Der Kölner Architekturprofessor Schwarz galt auf dem Gebiet des modernen Kirchenbaus als Koryphäe. Mit dem Frankfurter Architekten Johannes Krahn, einem langjährigen Mitarbeiter von Schwarz, war die unter der

Oberleitung des Stadtbauamts stehende Planungsgemeinschaft Paulskirche komplett. Die Leitung der Bauausführung vergab der Magistrat an das Frankfurter Ingenieurbüro Lübke.[76]

Die Arbeit der Planungsgemeinschaft wurde von wütenden Protesten der „Traditionalisten" um Fried Lübbecke und Franz C. Throll begleitet. Throll wurmte in erster Linie die nachträgliche Berufung von Schwarz, der an dem Ideenwettbewerb nicht teilgenommen hatte. In einem mehrseitigen Brief vom 22. November 1946 bekniete Throll Stadtbaurat Blanck, ihn am Wiederaufbau der Paulskirche zu beteiligen. Außerdem sei er im Unterschied zu anderen Preisträgern – gemeint war natürlich, ohne daß Throll den Namen nannte, Gottlob Schaupp – nicht durch eine vormalige Mitgliedschaft in der NSDAP politisch belastet. Da die Bittbriefe nicht erhört wurden, fuhr Throll gröberes Geschütz auf. Nachdem er Näheres über Schwarz' Planungen in Erfahrung gebracht hatte, legte Throll am 15. Januar 1947 bei Oberbürgermeister Kolb „schärfsten Protest" gegen die Absicht ein, das Innere der Paulskirche in eine untere Eingangs- und Wandelhalle und einen oberen Kirchen- beziehungsweise Tagungsraum zu unterteilen. Die Aufteilung in zwei Etagen sei seine „ureigenste Idee" und der Konkurrent Schwarz somit nichts weiter als ein Plagiator.[77] Mit Lübbecke war Throll einer Meinung, daß die zentralen Probleme des Wiederaufbaus niemals von auswärtigen, mit den Frankfurter Traditionen nicht vertrauten Experten befriedigend gelöst werden könnten. Die Frontstellung gegen die „Eingeplackten" richtete sich sowohl gegen Schwarz als auch gegen den Frankfurter Stadtbaurat Blanck, der ebenfalls aus Köln kam.[78]

Weit ausholend legte Fried Lübbecke in einer Anfang 1947 abgefaßten Denkschrift seine Gründe für die Ablehnung der vom Hochbauamt verantworteten Wiederaufbaupläne dar. Lübbecke begann mit einem Exkurs über die Baugeschichte der Paulskirche. Nach jahrelangem Hin und Her hatten sich die bürgerlichen Kollegien und der Rat der Reichsstadt Frankfurt am 21. August 1786 darauf verständigt, die Barfüßerkirche abzureißen und an gleicher Stelle ein neues Gotteshaus zu errichten. Der ovale Grundriß des Neubaus geht noch auf erste Skizzen des ehemaligen Stadtbaumeisters Johann Andreas Liebhardt (1714–1788) zurück und wurde von dessen Nachfolger Christian Georg Hess (1756–1816) beibehalten. Die ovale Form hatte den großen Vorteil, daß der Prediger von jedem Platz im Kirchenraum gut zu sehen und zu hören war. Im Frühjahr 1789 begannen die Bauarbeiten, bis 1796 war der Rohbau unter Dach und Fach. Dann ging der wiederholt mit Kriegskontributionen belasteten Stadt das Geld aus. Bis zur Wiederaufnahme der Arbeiten im Jahr 1829 vermietete die Stadt den Rohbau zeitweise als Depot und Ausstellungsraum.

Inmitten der verwinkelten Altstadt wurde am 9. Juni 1833 mit der Paulskirche ein vierzig Meter langer und dreißig Meter breiter, im klassizistischen Stil erbauter Rundbau eingeweiht. Das weithin sichtbare Kreuz mitgerechnet, maß der Kirchturm in der Höhe stolze 55 Meter. Gegenüber der Turmseite bargen zwei Anbauten die

Die ausgebrannte Paulskirche 1946.

Treppenaufgänge zu den 1.200 Sitzplätzen auf der Empore. Weitere 500 Sitzplätze befanden sich im Halbkreis, mit Blick auf den Altar an der Turmseite zu ebener Erde. Selbst der stimmgewaltige Pfarrer Anton Kirchner hatte bei der Einweihungspredigt mit dem Nachhall in dem fast dreißig Meter hohen Saal zu kämpfen. In den oft hitzigen Debatten des Paulskirchenparlaments kam es aufgrund der schlechten Akustik wiederholt zu Mißverständnissen mit teilweise schwerwiegenden Folgen. Die Nationalversammlung ließ daraufhin in zwanzig Metern Höhe eine hölzerne Flachdecke einziehen, was die Akustik zwar kaum verbesserte, dafür aber eine schnellere Erwärmung der Rotunde in der kalten Jahreszeit ermöglichte. Weder die Empore noch die Zwischendecke überstanden das flammende Inferno der Luftangriffe im März 1944.

Nur der nackte, von zwei Fensterreihen durchbrochene Mauertambour ragte nach Kriegsende noch in den Himmel. Für Lübbecke wirkte die Ruine wie ein „riesiger Gasometer", in dem sich der Betrachter „pygmäenhaft" verlor. Um dem Innenraum ein nicht näher definiertes „menschliches Maß" zu geben, erklärte Lübbecke den erneuten Einbau einer Galerie beim Wiederaufbau der Paulskirche für unverzicht-

„... die große Ruine war weitaus herrlicher als das frühere Bauwerk ..."
(Rudolf Schwarz, 1960).

bar. Nachdem der sogenannte „Altstadtvater" den Aufbau der Paulskirche in einen Ausbau uminterpretiert hatte, erklärte er die verantwortlichen Architekten zu „Dienern am Werke", die sich größter Zurückhaltung gegenüber der historischen

Vorlage zu befleißigen hätten. Lübbecke favorisierte in seiner Denkschrift klar den von Throll und Rupp vorgelegten Entwurf, der mittels einer auf Höhe der früheren Galeriesohle eingezogenen Decke den „Riesenraum“ auf das besagte „menschliche Maß“ zurechtstutzte. Von einer etwa acht Meter hohen Eingangs- und Wandelhalle aus sollte der eigentliche Kirchenraum nach den Plänen der Architektengemeinschaft über eine breite Doppeltreppe erreichbar sein. Eine neue Galerie war auf Höhe der oberen Fensterreihe vorgesehen. Auf die Lobeshymne für Throll folgte ein Verriß der vom Hochbauamt zu verantwortenden und von der Planungsgemeinschaft Paulskirche entwickelten Konzeption. Lübbecke kritisierte die Raumaufteilung in ein Souterrain mit Garderobe und Toiletten sowie eine nur gut dreieinhalb Meter hohe Wandelhalle, die er beide naserümpfend als „Kellergeschosse“ bezeichnete. „Von dieser niedrigen Halle“, so Lübbeckes Verdikt, „stiege man dann zu dem Riesenrund empor, das ohne Galerie in einer Höhe von 25 Metern als nackter Zylinder, nur von den zwei Reihen Fenstern durchbrochen, den Besucher empfinge. Mit einer evangelischen Predigtkirche hat dieser Kessel nichts zu tun, auch wohl nicht mit einem Sitzungsraum für ein Parlament oder einen Kongress.“[79] Natürlich konnte sich Lübbecke auch nicht für das geplante Flachdach mit Oberlicht erwärmen. Die Denkschrift, mit der Lübbecke auf Konfrontationskurs zum Hochbauamt ging, unterzeichnete er in seiner Funktion als Vorsitzender des Kirchenvorstands der Paulsgemeinde und des 1922 von ihm gegründeten „Bundes tätiger Altstadtfreunde“. Der Versuch, als Angestellter der Stadt Frankfurt die private Meinung von seinen Pflichten als Geschäftsführer des Paulskirchen-Ausschusses zu trennen, konnte nicht gutgehen und sollte für Lübbecke noch ein Nachspiel haben. Einen Tag vor der sich abzeichnenden Annahme des Entwurfs der Planungsgemeinschaft durch die Stadtverordnetenversammlung legte Lübbecke am 5. Februar 1947 tief enttäuscht sein Amt im städtischen Paulskirchen-Ausschuß nieder. Lübbecke sah sich außerstande, weiter an einem Projekt mitzuarbeiten, das er für verfehlt und als Auftakt des Wiederaufbaus der Stadt für in die falsche Richtung weisend hielt. Kolb nahm Lübbecke die öffentliche Kritik übel. Als sich kurz nach Lübbeckes Rücktritt plötzlich die Landesdenkmalpflege einschaltete und bis zur konservatorischen Prüfung ein Moratorium des Wiederaufbaus der Paulskirche forderte, verdächtigte Kolb ihn sofort als Drahtzieher der Aktion. „Im übrigen ist das wohl“, so der von Kolb in der Magistratssitzung vom 24. Februar 1947 geäußerte Verdacht, „Tells Geschoss von Dr. Lübbecke, der sich hinter den mit ihm befreundeten Landeskonservator gesteckt haben dürfte.“[80]

Weil der unbequeme Kunsthistoriker mit seiner Kritik an den Wiederaufbauplänen der Paulskirche nicht hinter dem Berg hielt, verschlechterte sich das Verhältnis zwischen Kolb und Lübbecke mehr und mehr. Der Oberbürgermeister warf am 10. März 1947 im Magistrat die Frage auf, ob im Verhalten Lübbeckes nicht ein Verstoß gegen die Dienstvorschriften vorliege, der eine Entlassung rechtfertige. In seiner Verärgerung überspannte Kolb den Bogen, als er die politische Integrität

Lübbeckes nach 1933 anzweifelte. Die Stadträte Gräser und Reinert nahmen den „Altstadtvater“ gegen Kolbs Anspielungen sofort in Schutz und sorgten dafür, daß die Angelegenheit erst einmal der Personalkommission überwiesen wurde. Lübbecke mußte schließlich im Oktober 1947 seinen Hut nehmen. Jahre später erinnerte sich der Geschaßte in einem selbstgeschriebenen Lebenslauf: „Von dort aus [gemeint ist der Wohnsitz in Bad Homburg] erfüllte ich, so gut es eben ging, auch meine Pflichten am Verkehrsamt, trat aber dem Wiederaufbau der Pauls-Kirche und damit ihrem Initiator, dem Oberbürgermeister Kolb, so energisch entgegen, daß er mich 1947 wegen Mangels an Disziplin entließ und mich mit 64 Jahren mit einem Gnadenruhegehalt pensionierte.“[81] Gewiß eine bittere Lektion für den einflußreichen Lübbecke, daß er für den zugezogenen Rheinländer Kolb, der den Wiederaufbau der Paulskirche zur Chef-Sache erklärt hatte, das Feld räumen mußte.

Keiner der sechzig Stadtverordneten stand auf Lübbeckes Seite. Einstimmig votierte die Stadtverordnetenversammlung am 6. Februar 1947 für den von Kolb befürworteten Entwurf der Planungsgemeinschaft Paulskirche. Zugleich wurden in der Hoffnung, einen Großteil der Kosten über Spenden und eine Wiederaufbau-Lotterie decken zu können, 2,7 Millionen Reichsmark für das Projekt Paulskirche bewilligt.[82] Daß zwischen den „Traditionalisten“ und der von Schwarz und Schaupp geleiteten Planungsgemeinschaft Welten lagen, ist schon allein an der unterschiedlichen Betrachtungsweise der Ruine zu erkennen. Während Lübbecke abfällig von einem „Kessel“ sprach, schwärmte Schwarz in seinem 1960 veröffentlichten Hauptwerk über die Kirchenbaukunst: „Die Denkmalpflege wollte den Bau historisch genau wiederhergestellt haben, aber wir widersetzten uns, denn die große Ruine war weitaus herrlicher als das frühere Bauwerk, ein riesiges Rund aus nackten, ausgeglühten Steinen von einer beinahe römischen Gewaltsamkeit. So schön war das Bauwerk noch niemals gewesen, und wir erreichten, daß es so blieb.“[83] Nach den schon im voraus durchgesickerten Plänen des federführenden Hochbauamts sollte sich das Gebäude in ein Untergeschoß und eine halbdunkle Wandelhalle mit 14 den oberen Kirchen- und Tagungsraum tragenden Marmorsäulen gliedern. Aus der Wandelhalle führten zwei mit der Rundung der Wand geschwungene Treppen in den hohen Saal hinauf. Zur Symbolik der Innenarchitektur erklärte die Planungsgemeinschaft: „Wenn man die Folge der Räume durchschreitet, vollzieht man eine Bewegung aus dem Niedern, Halbdunkeln, Ertragenden ins Hohe, Lichte und Freie. Wir wollten damit ein Bild des schweren Weges geben, den unser Volk in dieser seiner bittersten Stunde zu gehen hat.“[84] Den Kirchen- und Tagungsraum umgab eine Aura von „fast mönchischer Strenge“.[85] Das schlichte Raumgefühl resultierte aus der leichten Holzdecke mit Oberlicht, weißen Wänden, einfacher Bestuhlung und einem Natursteinboden. Nur der erhöhte Bereich mit dem Rednerpult an der Stirnseite des Saals war aufwendig in Marmor gearbeitet. Von der Decke bis fast auf den Boden herabhängende Leuchtkörper gliederten, Lichtsäulen vergleichbar, den Innenraum. Der kongeniale Entwurf der Planungsgemeinschaft für den Wiederaufbau der

Paulskirche war ganz nach Kolbs Geschmack. Mit Genugtuung konnte der Architekt Rudolf Schwarz 1960 über die bewährte und inzwischen akzeptierte Innenarchitektur der 1947/48 wiederaufgebauten Paulskirche feststellen: „Der Bau dient heute geistigen Dingen von hohem Rang [...] und er ist von einer solch nüchternen Strenge, daß darin kein unwahres Wort möglich sein sollte."[86]

Oberbürgermeister Kolb bewies großen politischen Wagemut und Weitblick, als er inmitten furchtbarster Wohnungsnot dem Wiederaufbau der Paulskirche den Vorrang gab. Das Vorhaben, den Wiederaufbau der Stadt mit einer eher symbolischen Geste zu beginnen, mußte bei den ausgebombten Bunker- und Kellerbewohnern auf Unverständnis stoßen. Der bittere Kommentar einer Witwe, die Anfang 1947 mit ihrem Sohn noch immer in einem feuchten Kellergewölbe dahinvegetierte, „Wenn die Paulskirche fertig ist, ziehe ich in die Sakristei"[87], ist nur ein Beispiel für die berechtigterweise gedrückte Stimmung unter den Obdachlosen. Um der Kritik den Wind aus den Segeln zu nehmen, hatten die Stadtverordneten im November 1946 auf Initiative der CDU einstimmig den Beschluß gefaßt, parallel zur Paulskirche eine der zerstörten Stadtrandsiedlungen wiederaufzubauen. Im Plenum hatte Max Flesch-Thebesius den Antrag der CDU-Fraktion mit den Ressentiments gegen das vermeintliche Prestigeobjekt in der Bevölkerung begründet. Walter Kolb unterstützte vorbehaltlos die Initiative der Christdemokraten und prägte das Schlagwort von der „Jahrhundert-Siedlung". Als sozialpolitisches Pendant zum Paulskirchen-Projekt entschieden sich die Stadtverordneten für den Wiederaufbau der Friedrich-Ebert-Siedlung im Gallusviertel.[88]

Frühmorgens um acht Uhr versammelte sich am 17. März 1947 ein illustrer Kreis von Ehrengästen zunächst in der Ruine der Paulskirche und eine Dreiviertelstunde später in der Friedrich-Ebert-Siedlung (Cordierstraße 51/53) zur doppelten Grundsteinlegung für den offiziellen Beginn des Frankfurter Wiederaufbaus. Im Beisein des amerikanischen Stadtkommandanten Oberst Phelps, des hessischen Ministerpräsidenten Stock sowie Magistratsmitgliedern und Stadtverordneten verlas Kolb die anschließend an der Westseite der Paulskirche eingemauerte Urkunde der Grundsteinlegung: „Heute beginnen wir mit dem Wiederaufbau der Paulskirche. Sie wurde zerstört, weil wir die sittlichen Gesetze missachteten. Mögen unsere Nachkommen sich selbst überwinden und über die Grenzen hinaus allen Völkern die Hand in Eintracht reichen. Dies ist unser Wunsch und unser Vermächtnis."[89]

Bis zur Jahrhundertfeier der Nationalversammlung waren es noch 16 Monate. Aus eigener Kraft konnte das notleidende Frankfurt in der Kürze der Zeit den Wiederaufbau der Paulskirche auf keinen Fall bewerkstelligen. Ohne den Beschluß der Stadtverordneten vorher abgewartet zu haben, hatte Kolb daher am 20. Januar 1947 an ausgewählte Gemeinden, Firmen und Einzelpersonen einen gedruckten Aufruf mit der Bitte um Unterstützung verschickt. Kolb erhob den Wiederaufbau der Paulskirche zu einer gesamtdeutschen Angelegenheit – es gehe nicht um Frankfurt, sondern um Deutschland. In einem gemeinsamen Kraftakt sollte die

Paulskirche als Symbol für den kommenden demokratischen Staat und als „Haus aller Deutschen“ wie ein Phönix aus der Asche steigen. Ganz konkret bat Kolb um Dielen, Balken, Zement, Glas, Eisenträger, Werkzeuge und andere Dinge, die für ein solches Bauvorhaben benötigt wurden.[90] Obwohl natürlich auch anderenorts der Mangel obwaltete, fand der Hilferuf eine unerwartet positive Resonanz. Insgesamt wurden der Stadt Frankfurt bis Novemver 1947 über 1,8 Millionen Reichsmark zugesichert; darunter befanden sich, um nur zwei Beispiele zu nennen, eine 100.000-Mark-Spende des Zentralsekretariats der Sozialistischen Einheitspartei aus Berlin sowie 5.000 Reichsmark des Landessportverbands Hessen. Gleichzeitig waren exakt 327 Sachspenden eingetroffen. Gestiftet wurde in der Regel entbehrliches, weil vor Ort in ausreichender Menge gewonnenes oder angefertigtes, Baumaterial. So trafen aus Thüringen drei mit Bauholz beladene Eisenbahnwaggons und aus dem benachbarten Offenbach eine Partie Leder für die Bestuhlung ein.[91] Vor dem Hintergrund der großen Hilfsbereitschaft und mit der verbindlichen Zusage des Landes, das Paulskirchen-Projekt mit einer Million Reichsmark zu bezuschussen, in der Tasche, konnte die Stadt sogar den Ausfall der fest eingeplanten Einnahmen aus der an den Bedenken des hessischen Finanzministers Werner Hilpert gescheiterten Wiederaufbau-Lotterie verschmerzen.[92] Als trotz einiger Schwierigkeiten am 7. November 1947 die planmäßige Fertigstellung des Rohbaus mit dem obligatorischen Richtfest gefeiert werden konnte, galt Kolbs Dank der Opferbereitschaft der an dem Werk beteiligten Städte, Kreise und Länder.[93]

Die Nachricht, daß der 18. Mai 1948 als Termin für die Wiedereinweihung der Paulskirche in Frage gestellt sei, schlug mitten in der Vorweihnachtszeit wie eine Bombe ein. Oberbürgermeister Kolb ließ, ohne zu zögern, vom Stadtverordnetenvorsteher über die zuständigen Stadträte und den Fraktionsvorsitzenden in der Stadtverordnetenversammlung bis hin zu den Verantwortlichen des Architekten- und Ingenieurbüros Lübke alle maßgeblich am Wiederaufbau der Paulskirche Beteiligten am vierten Advent im Sitzungssaal des Magistrats zusammentrommeln. Mit einer Erklärung zum Ernst der Stunde eröffnete Kolb ausweislich des geführten Protokolls die Sitzung: „Er brauche wohl nicht darauf hinzuweisen, welche Blamage es für die Stadt Frankfurt, für ihn persönlich, für unsere engere Heimat und unser ganzes Land bedeuten würde, wenn die Paulskirche nicht termingemäß fertig gestellt sei.“[94] Der Oberbürgermeister machte hinter dem Paulskirchen-Projekt Druck: „Es müssten, wenn es hart auf hart ginge, auch einmal die rigorosesten Maßnahmen ergriffen und der Stillstand aller anderen Bauarbeiten zu Gunsten der Paulskirche angeordnet werden. Es gehe nicht, dass die Kirche vielleicht zur Hälfte oder zu Zweidritteln fertig sei. Was zu tun sei, um die Fertigstellung zu sichern, möge die heutige Aussprache ergeben.“[95]

Die Ursache für den Verzug lag auf der Hand: Die beim bizonalen Bauprogramm beschäftigten Arbeiter bekamen deutlich mehr zu essen als die Paulskirchen-Bauarbeiter. Dem Hochbauamt liefen aufgrund der sich im Winter 1947/48 zuspitzenden Hungersnot die Arbeiter davon. Anstatt der für eine pünktliche Fertigstellung des Paulskirchen-Projekts erforderlichen 400 waren im Durchschnitt nur 160 Arbeiter zum Einsatz gekommen. Der Termin 18. Mai 1948 konnte also nur dann eingehalten werden, wenn es gelang, die Verpflegungssätze der Paulskirchen-Arbeiter auf das Niveau der beim bizonalen Bauprogramm Beschäftigten anzuheben.[96] Gleich nach dem Jahreswechsel geriet zu allem Übel auch noch das mit der Leitung der Bauausführung beauftragte Architekten- und Ingenieurbüro Lübke ins Kreuzfeuer der Kritik. Auf einer eilig für den 6. Januar 1948 einberufenen Sitzung, zu der auch Lübke anreiste, kam die Mitschuld der Bauleitung am Verzug zur Sprache. Kolb forderte die Ablösung des von Lübke mit der Bauleitung beauftragten, mit dieser Aufgabe aber überforderten Architekten Schlempp. Gegen Schlempp sprach zudem ein laufendes Spruchkammerverfahren. In Gedanken schon bei der bevorstehenden Kommunalwahl, malte Kolb ein KPD-Flugblatt mit der reißerischen Schlagzeile „Naziarchitekt erbaut Paulskirche!“ als Schreckgespenst an die Wand.[97] Als Ergebnis der dreistündigen Zusammenkunft hielt Kolb fest, daß ab sofort Generaldirektor Griebel die Oberbauleitung und damit die Verantwortung für die termingemäße Fertigstellung der Paulskirche übernahm. Die Bauleitung vor Ort wurde Oberbaurat Schneidt übertragen. Kolbs Krisenmanagement zeitigte schon bald die gewünschte Wirkung. Seit dem 13. Januar 1948 konnte den an der Paulskirche tätigen Arbeitern mit Hilfe des Landesernährungsamts eine dem „bizonalen Mittagessen“ gleichwertige Mahlzeit gereicht werden, woraufhin sich prompt die Zahl der Arbeitskräfte bis Mitte Februar auf über 400 erhöhte. Optimistisch hatte Griebel in der Magistratssitzung vom 12. Januar 1948 versichert, „dass man beruhigt schlafen könne, denn man werde die Geschichte bis zu diesem Zeitpunkt [= 18. Mai 1948] fertig bekommen.“[98]

Über den Wiederaufbau und die Nutzungsrechte an der Paulskirche einigten sich Stadt und Evangelische Stadtsynode erst in letzter Minute. Umstritten war weniger die Form als vielmehr die zukünftige Nutzung des auf Kosten der Stadt wiederaufgebauten Gebäudes. Während die Stadt in der repräsentativen Paulskirche Versammlungen und Kongresse abhalten wollte, betonten die Kirchenvertreter selbstverständlich die sakrale Bestimmung des Hauses. Rein rechtlich befand sich die Synode in der besseren Ausgangsposition. Die damals noch Barfüßerkirche genannte Paulskirche war eine von sechs Frankfurter Kirchen, die am 2. Februar 1830 von der Freien Stadt Frankfurt qua Dotationsurkunde der evangelisch-lutherischen Gemeinde zur alleinigen Verfügung überlassen worden war. Darüber hinaus hatte sich die Stadt in der Dotationsurkunde verpflichtet, die Kirchengebäude samt Interieur instand zu halten.[99] Seit 1946 ließ die Stadt nichts unversucht, das zum Symbol der deutschen Demokratie aufgewertete Gebäude wieder in die eigene Verfügungsgewalt zu bekommen. Mit dem Ziel, die wiederaufgebaute Paulskirche aus dem Dotationsvertrag von 1830 herauszulösen, bedeutete Obermagistratsrat Askenasy der Stadtsynode, daß es sich bei dem Projekt nicht um eine Rekonstruktion, sondern um einen Neubau handelte. Die Wahl des ehemaligen Militärseelsorgers Plantiko zum neuen Pfarrer der Paulsgemeinde führte im März 1947 zu einer zusätzlichen Belastung der ohnehin äußerst zähen Verhandlungen. Oberbürgermeister Kolb war außer sich, wie man ausgerechnet einen Pfarrer, der von 1931 bis 1945 der NSDAP angehört hatte, an die Paulskirche berufen konnte. Die Stadtsynode korrigierte die Fehlentscheidung der Paulsgemeinde, indem sie die Wahl Plantikos nicht bestätigte.[100]

Gerade noch rechtzeitig vor der Jahrhundertfeier unterzeichneten am 12. Mai 1948 Oberbürgermeister Kolb und der Vorstand der Stadtsynode eine Vereinbarung über den Wiederaufbau und die Nutzung der Paulskirche. Für die Dauer von zehn Jahren wurde der Stadt vertraglich das Recht eingeräumt, „die Paulskirche ohne Zahlung einer Vergütung zu festlichen Versammlungen zu verwenden, insbesondere solchen, die der Erinnerung an die grosse Vergangenheit des Baues dienen, darüber hinaus auch zu Veranstaltungen, die die Förderung von Bestrebungen zur sittlichen und geistigen Hebung des Volkes zum Ziel haben, jedoch unter Ausschluss von Veranstaltungen ausgesprochen parteipolitischen oder antichristlichen Charakters."[101] Im Gegenzug verpflichtete sich die Stadt, innerhalb von zwei Jahren die ebenfalls zu den Dotationskirchen gehörende Nikolaikirche wiederaufzubauen und der Stadtsynode zur Verfügung zu stellen. Noch vor Ablauf der befristeten Vereinbarung kam im September 1950 eine endgültige Regelung zwischen Stadt und Kirche zustande: Die öffentliche Hand errichtete im Dominikanerkloster ein neues Verwaltungszentrum zugunsten der Evangelischen Kirche in Frankfurt und löste damit die kommunalen Dotationsverpflichtungen bezüglich der Paulskirche und der ehemaligen Weißfrauenkirche ab.[102]

„Der heutige Tag", stellte Oberbürgermeister Kolb zu Beginn einer außerordentlichen Magistratssitzung am Morgen des 18. Mai 1948 feierlich fest, „ist für unsere Stadt und für unser Land von historischer Bedeutung. Nach den Mühen und Sorgen der vergangenen Monate stellt er gleichsam die Krönung unseres Wollens dar."[103] Kein Zweifel, der 18. Mai 1948 war für Walter Kolb ein ganz besonderer Freudentag. Wenn es in der Macht des Stadtoberhaupts gestanden hätte, dann wäre der 18. Mai in Hessen, zumindest aber in Frankfurt, zum gesetzlichen Feiertag erklärt worden. Ein in dieser Richtung beim hessischen Innenminister unternommener Vorstoß Walter Kolbs war am Einspruch des hessischen Kabinetts gescheitert.[104] Im weiteren Verlauf der außerordentlichen Magistratssitzung am Tag der Jahrhundertfeier überreichte Bürgermeister Helfrich dem sichtlich bewegten Oberbürgermeister die für besondere Verdienste um den Wiederaufbau erstmals verliehene Paulskirchen-Plakette.[105] Es sollte an diesem wohl größten Tag im Leben des Politikers Walter Kolb nicht bei der einen Ehrung bleiben. Im Rahmen eines in der Aula der Johann Wolfgang Goethe-Universität am Vormittag des 18. Mai 1948 ausgerichteten akademischen Festakts verlieh der Rektor der Hochschule, Walter Hallstein, Oberbürgermeister Kolb die Ehrendoktorwürde. In der Laudatio schil-

Verleihung der Ehrendoktorwürde an Walter Kolb in der Aula der Goethe-Universität am 18. Mai 1948. Fotografie von Fred Kochmann.

derte Hallstein den zum doctor honoris causa der juristischen Fakultät ernannten Kolb als Bewahrer der demokratischen Traditionen von 1848 und Förderer der Wissenschaft (Kolb war Vorsitzender des Kuratoriums der Frankfurter Universität).[106]

Unter Glockenläuten zogen am Nachmittag des 18. Mai 1948 wie ein Jahrhundert zuvor die Abgeordneten der Nationalversammlung die Ehrengäste der Zentenarfeier, angeführt von Oberbürgermeister Kolb, Stadtverordnetenvorsteher Hermann Schaub und Festredner Fritz von Unruh, gemessenen Schritts vom Römer zur teilweise noch eingerüsteten, im wesentlichen aber fertiggestellten Paulskirche. Schätzungsweise 35.000 Menschen verfolgten dichtgedrängt den Einzug und den über Lautsprecher direkt nach draußen übertragenen Festakt. Bevor die Jahrhundertfeier mit der Uraufführung des von Harald Genzmer komponierten Werks „Frankfurter Konzert 1948“ begann, trafen gegen 16 Uhr die Staffelläufer aus den Westzonen und Berlin ein. Der Sternlauf zur Paulskirche symbolisierte die Hoffnung auf eine geeinte

Zug der Festgäste zur Paulskirche am 18. Mai 1948.

Nation. Rund 30.000 Sportler hatten sich zwischen dem 14. und 18. Mai 1948 an den sieben Haupt- und einigen Nebenläufen nach Frankfurt beteiligt. Flensburg und Garmisch-Partenkirchen waren der nördlichste und der südlichste Ausgangspunkt der Staffeln. Weitere Starts erfolgten in Bremerhaven, Ulm, Malsch bei Karlsruhe oder auf der Kasseler Wilhelmshöhe. Auf dem Weg nach Frankfurt sammelten die Läufer Grußbotschaften der Städte und Länder in speziell angefertigten Köchern. Das Verbot des Sternlaufs durch die sowjetische Besatzungszone trübte die Hoffnungen der Veranstalter auf die staatliche Einheit und kündigte die baldige Abtrennung der Ostzone von den westlichen Besatzungszonen an. Nach einem Rundlauf durch die westlichen Sektoren Berlins erreichte der Schlußläufer auf dem Luftweg Frankfurt. Die letzte Etappe des Sternlaufs führte vom Fahrtor zur Paulskirche. Als Schlußläufer, mit dem Auftrag Oberbürgermeister Kolb in der Paulskirche die Köcher mit den Grußadressen zu überreichen, kamen ausschließlich Deutsche Leichtathletik-Meister, wie Marga Petersen aus Bremen oder der Frankfurter Heinz Ulzheimer, zum Einsatz. Die „Frankfurter Neue Presse“ befand am Tag danach, „daß

Festversammlung in der Paulskirche am 18. Mai 1948.
Fotografie von Wolff & Tritschler.

dem Sternlauf doch eine große Bedeutung innewohnt. Er ist die erste geschlossene Manifestation des Sports nach dem Kriege."[107]

In der Begrüßungsansprache beschwor Walter Kolb einmal mehr den Geist der Frankfurter Paulskirche von 1848 als zukunftsweisend für den demokratischen Neubeginn. Die hehren Ideale des Paulskirchen-Parlaments, Freiheit der Person und Einheit der Nation, hielt Kolb 1948 für aktueller denn je. Alle deutschen Politiker stünden in der Pflicht, das zu vollenden, was 1848 von der Nationalversammlung begonnen wurde. Aufs wärmste hieß Kolb den nach 16jähriger Emigration erstmals wieder in Deutschland weilenden Festredner Fritz von Unruh in der wiederaufgebauten Paulskirche willkommen. Unruhs „Rede an die Deutschen" sollte den Höhepunkt der Feierstunde bilden. Noch ganz unter dem Bann der Ereignisse stehend, schrieb Hermann Venedey in der „Frankfurter Rundschau" vom 20. Mai 1948: „Da aber steht Fritz von Unruh am Rednerpult. Und jetzt fährt der Blitz in die träge Atmospäre, spaltet das Gewölk offizieller Farblosigkeit, springt über ein paar einleitende Worte hinweg und wird zum vollkommen persönlichen Bekenntnis eines Dichters, wird zu einer Tat der Stunde und läßt die Worte vernehmen, die wir endlich hören mußten."[108]

Walter Kolb war gut beraten, als er im Spätsommer 1947 an den in New York lebenden Fritz von Unruh mit der Bitte herantrat, nach Frankfurt am Main zu kommen, um bei der Einweihung der Paulskirche die Festrede zu halten. Unruh nahm

Fritz von Unruh: „Rede an die Deutschen". Fotografie von Wolff & Tritschler 18. Mai 1948.

die Einladung an. Er und Kolb kannten sich flüchtig von ihrer gemeinsamen Zugehörigkeit zum „Reichsausschuß des Republikanischen Reichsbunds" seit Januar 1927.[109] Damals wohnte Unruh noch im historischen Rententurm der Stadt Frankfurt. Oberbürgermeister Ludwig Landmann hatte dem aus preußischem Offiziersadel stammenden, spätestens seit der Teilnahme am Ersten Weltkrieg zum Pazifisten geläuterten Unruh in Anerkennung seiner Verdienste als vielleicht *dem* Dramatiker der Weimarer Republik das Anrecht, auf Lebenszeit im Rententurm zu wohnen, verliehen. Während ein die junge Republik verachtender Ernst Jünger mit dem Buch „In Stahlgewittern" den Krieg als Bewährungsprobe darstellte, schilderte Fritz von Unruh in der 1916 abgeschlossenen Erzählung „Opfergang" das Grauen des erbarmungslosen Stellungskriegs.[110] Im überfüllten Berliner Sportpalast hatte der Mitbegründer des „Reichsbanners Schwarz-Rot-Gold", Fritz von Unruh, noch am 18. Januar 1932 in einer Rede vor Nazismus und Krieg gewarnt – vergebens. Als die Nazis am 10. Mai 1933 auch die Bücher Unruhs auf dem Römerberg verbrannten, hielt sich der Autor, dem die Wohnung im Rententurm aberkannt worden war, längst im Ausland auf. Die Flucht vor den Nazis führte Unruh über Italien, Frankreich und Spanien nach New York, wo er am 10. August 1940 eintraf und die Unterstützung Albert Einsteins fand.[111]

Kolb und Unruh standen sich politisch nahe, nach dem 18. Mai 1948 waren sie einander auch freundschaftlich verbunden. Unruhs Festrede in der Paulskirche wurde natürlich mit Spannung erwartet. Worüber würde der von den Nazis verfemte und verfolgte Emigrant an dem Ort, an dem man vor fünfzehn Jahren seine Bücher verbrannt hatte, sprechen? Die Festversammlung mußte sich in Geduld fassen bis Unruh, der zunächst vor dem Hintergrund der deutschen Geschichte im 20. Jahrhundert über den eigenen Lebensweg berichtete, auf die Schuld der Deutschen nach 1933 zu sprechen kam. Fritz von Unruh wandte sich direkt an die knapp eintausend Ehrengäste in der Paulskirche: „Als mich die Stadt Frankfurt durch ihren Oberbürgermeister viertausend Meilen weit her über den Atlantik gerufen hat, – was erwartete sie zu hören von mir, dem Ausgebürgerten, dem Flüchtling, der heute seit sechzehn Jahren zum erstenmal wieder auf deutschem Boden steht? Oder verlangen sie etwa durch mich zu erfahren, daß die Tragödie deutscher Raubtiermoral vergeben und vergessen ist? Wer unter uns könnte sich selber vergeben ... und vergessen? Wer?“[112] Der seelischen Belastung kaum noch gewachsen, rang Unruh an dieser Stelle nach Fassung und konnte die Ansprache nur unter Anspannung aller Kräfte fortsetzen. Er warnte die Deutschen vor der um sich greifenden Verdrängung ihrer Schuld, brach aber schon nach wenigen Sätzen und mit der Klage „Keiner erinnert sich mehr, wie schlecht er es machte, als er noch handeln konnte“[113] auf den Lippen ohnmächtig am Rednerpult zusammen. Der Oberbürgermeister eilte besorgt nach vorn, ließ Unruh in einem Nebenraum behandeln und bat die Festversammlung um Verständnis. Ergriffen dankte Kolb dem „Dichter und Weltbürger“ Unruh und kündigte die Publikation der vollständigen Rede an. Zum Ausklang des Festakts spielte das Opernhaus- und Museumsorchester unter Leitung von Generalmusikdirektor Bruno Vondenhoff Beethovens Leonoren-Ouvertüre Nummer drei. Nach der angekündigten Programmfolge war die Feier damit beendet. Doch da erschien unerwartet und von den Ehrengästen um so herzlicher begrüßt Fritz von Unruh wieder im Saal, um die nach dem Schwächeanfall abgebrochene Ansprache zu Ende zu bringen. Unruh warnte vor einem erneuten Mitläufertum und schloß die von Eugen Kogon als „bedingungslos“ und „moralisch“ bezeichnete Festrede mit dem Appell an die Deutschen, sich zu ihrer Schuld zu bekennen. Das Eingeständnis sei die Voraussetzung für den Neubeginn.[114]

Die Paulskirchenfeier wurde von einer Fest- und Kulturwoche umrahmt, zu deren Gelingen die Verlängerung der Polizeistunde bis Mitternacht für die Dauer vom 16. bis zum 23. Mai nicht unerheblich beigetragen haben wird. Das Kulturprogramm kreiste immer wieder um das Jahr 1848. Oberbürgermeister Kolb eröffnete die

Festwoche am Pfingstsonntag, dem 16. Mai 1948, mit der vom Direktor des Stadtarchivs, Hermann Meinert, konzipierten historischen Ausstellung „1848“ in den Räumen des Kunstvereins. Im Kino „Bieberbau“ wurde der Dokumentarfilm „1848“ uraufgeführt. Auch der Pfingstmontag stand zunächst unter geschichtlichen Vorzeichen: Walter Kolb legte auf dem Hauptfriedhof an den Gräbern der Gefallenen von 1848 und der in Frankfurt verstorbenen Abgeordneten der Nationalversammlung im Namen der Stadt einen Kranz nieder. Die Johann Wolfgang Goethe-Universität widmete dem Jahr 1848 einen Dies academicus mit einer über den ganzen Tag verteilten interdisziplinären Vortragsreihe.[115] Nicht im Festprogramm ausgedruckt, aber ebenfalls aus Anlaß der Paulskirchenfeier wurden im Mai 1948 drei Frankfurter Schulen nach verdienten Abgeordneten der Nationalversammlung benannt: Das Kaiser-Friedrich-Gymnasium wurde in Heinrich-von-Gagern-Gymnasium, das Sachsenhausener Realgymnasium in Carl-Schurz-Schule und die Höchster Oberfeldschule in Robert-Blum-Schule umbenannt.[116]

Freimaurer, deutsche Schriftsteller und Frauenverbände hielten in der Paulskirchen-Woche eigene Kongresse in Frankfurt ab. In der wiedereröffneten Paulskirche versammelte sich am 19. Mai 1948 die „Europäische Union“. Tags darauf nutzte die erste Hauptversammlung des „Deutschen Städtetags“ der Nachkriegszeit das Gebäude als Tagungsraum. Der einzige sportfreie Tag der Festwoche war Donnerstag, der 20. Mai. Ansonsten prägte in auffälliger Weise der Sport die Jahrhundertfeier. Zu den Höhepunkten zählte das Sportfest im Waldstadion mit dem Oberliga-Derby Frankfurter Eintracht gegen Fußballsportverein, das Walter Kolb höchstpersönlich am 16. Mai vor 40.000 Zuschauern anstieß und das mit einem 0:0-Unentschieden endete. Zum Pfingstsportfest im Stadion, zum Jubiläums-Pferderennen in Niederrad (17. Mai 1948), zum Fußballspiel Nordwest gegen Südwest oder zur „Paulskirchen-Regatta“ auf der Gerbermühl-Strecke am Samstag nachmittag kamen über 150.000 Besucher. Während sich am 18. Mai 1948 rund um die Paulskirche etwa 35.000 Zaungäste einfanden, verzeichnete allein das Fußballspiel der Auswahlteams des Nordens und des Südens am 19. Mai rund 55.000 Zuschauer. Der Kommentar des Essener „Sportbeobachters“ zur Paulskirchenfeier: „Der Sport drückte Frankfurt seinen Stempel auf.“[117]

Eine nicht repräsentative von der „Frankfurter Neuen Presse“ in die Wege geleitete Umfrage ergab, daß die aufwendige Jahrhundertfeier im vierten Nachkriegsjahr von der Bevölkerung sehr unterschiedlich aufgenommen worden war. Auf die Frage „Was halten Sie von den Paulskirchenfeiern?“ bekamen die Interviewer sowohl zustimmende als auch ablehnende Antworten. Selbst die bewußt auf den Vortag der Jahrhundertfeier gelegte Übergabe von 171 Wohnungen der Friedrich-Ebert-Siedlung an die glücklichen Mieter konnte die Kritik an dem Prestigeobjekt nicht auffangen. Die „Neue Presse“ zitierte einen 45jährigen Portier: „Wir können es uns nicht leisten, Festräume zu bauen und groß zu feiern, als lebten wir im dicksten Frieden. So lange noch Tausende keine Wohnung haben und jeder anständige Mensch hungern muß, kann ich die Feier nicht gutheißen."[118] Von Existenzsorgen geplagt, reagierten einige Passanten auf die Umfrage der Zeitung verständlicherweise eher unwirsch: „Sie hätten uns lieber mehr zu essen geben sollen" oder „Was geht mich das an? Ich habe andere Sorgen"[119] lauteten die Antworten. Auf ein anderes Defizit der Festwoche machte der 36jährige Sportreporter Herbert H. aufmerksam: „Warum hat man die Feierlichkeiten, und besonders das, was es auf ihnen zu essen und zu trinken gab, nur den Prominenten vorbehalten? An das Volk denkt man auch heute nicht. Darum gingen die Leute auch lieber auf den Fußballplatz."[120] Tatsächlich war die Paulskirche im Verlauf der Festwoche nur an einem Tag für die Allgemeinheit geöffnet. Die Organisatoren hatten die vermeidbare Panne kurz vor Beginn der Feierlichkeiten noch selbst bemerkt und nachträglich drei öffentliche Festvorträge für den 22., 23. und 24. Mai 1948 mit Paul Löbe, Walter Kolb und Eugen Kogon als Rednern auf die Beine gestellt.[121]

Der Sport drückte Frankfurt seinen Stempel auf

Unter der Überschrift „Ist die Paulskirche geglückt?" ließ die „Frankfurter Neue Presse" am 4. Juni 1948 noch einmal Gegner und Befürworter der neuen Paulskirche zu Wort kommen. Während Fried Lübbecke gallig kommentierte: „Durch die gläsernen Hoteltüren und die Eingangsgrotte in Kinoarchitektur betrete ich den Untergrundbahnhof der Wandelhalle des Erdgeschosses mit den dilettantisch aus Aluminiumblech gebastelten Treppengeländern und steige die zu schmale Festtreppe zum Kirchenraum empor"[122], lobte der Architekt Hermann Mäckler den „stolzen Bau" und sprach von einer ergreifenden Raumgestaltung.

Walter Kolb ließ die verschiedentlich gegen das Paulskirchen-Projekt vorgebrachten Einwände nicht gelten. In seiner Haushaltsrede vom 30. März 1949 wies der Ober-

Übergabe der Friedrich-Ebert-Siedlung am 17. Mai 1948.

bürgermeister jegliche Kritik brüsk zurück. Den ewigen „Nörglern am Wiederaufbau dieses Zeugnisses deutschen Strebens und Ringens" legte Kolb nahe, den „Blick vom Alltag abzuwenden und ihn auf höhere geistige Ziele zu richten."[123] Außerdem sei der Bau der Paulskirche dank der zweckgebundenen Geld- und Materialspenden aus ganz Deutschland nicht auf Kosten von Wohnungsbauten in Frankfurt erfolgt. Gleichwohl bezifferte das Hochbauamt die erforderlichen Mittel für die noch ausstehenden Baumaßnahmen an der Paulskirche im Anschluß an die Jahrhundertfeier und nach erfolgter Währungsreform auf über 1,3 Millionen Deutsche Mark. Damit das Gebäude wenigstens winterfest gemacht werden konnte, bewilligte die Stadtverordnetenversammlung am 20. Oktober 1948 außerplanmäßige Haushaltsmittel in Höhe von 670.000 Mark.[124] Nach der 1951 aufgestellten Endabrechnung über den Wiederaufbau der Paulskirche beliefen sich die Kosten bis zur Währungsreform auf exakt 4.016.084,96 Reichsmark, wovon nur 737.261,60 aus städtischem Vermögen gedeckt wurden. Nach dem 21. Juni 1948 verschlang das Projekt weitere 708.669,98 Deutsche Mark. Den Löwenanteil von 662.679,28 brachte die nach der Jahrhundertfeier auf sich gestellte Stadt Frankfurt selbst auf.[125]

Das Geld war, darüber besteht kein Zweifel, gut angelegt. Die Paulskirchenfeier 1948 stellte mehr dar als nur ein historisches Jubiläum. Der Wiederaufbau des symbolträchtigen Hauses war ein Bekenntnis zu den demokratischen Traditionen und ein an die Völkerfamilie gerichtetes Signal des demokratischen Neubeginns; sie bildete, wenn man so will, eine vertrauensbildende Maßnahme. Walter Kolb hat sich um den Wiederaufbau der Paulskirche zur Jahrhundertfeier in schwieriger Zeit verdient gemacht. Bundespräsident Theodor Heuss hob in seiner Trauerrede am Sarg des am 20. September 1956 verstorbenen und in der Paulskirche aufgebahrten Walter Kolb ganz richtig hervor, „daß von den vielen, vielen Aufgaben, die er nach 1946 anpackte, wenige ihm so wichtig waren, wie die Rettung der Paulskirche."[126]

Turnvater Kolb

1948, das Jahr der Paulskirchenfeier, war auch ein Jahr der Turner. In einer mit Problemen überhäuften Stadt feierten vom 19. bis 22. August 1948 30.000 Teilnehmer das Frankfurter Turnfest. Der Schirmherr des ersten „Deutschen" Turnfests nach dem Krieg, Oberbürgermeister Walter Kolb, versäumte bei keinem sportlichen Anlaß, in seiner Ansprache auch die politische Komponente des Turnens hervorzuheben. Turnvater Friedrich Ludwig Jahn habe 1848, so Kolb in der Eröffnungsrede des Frankfurter Turnfests am 19. August 1948, als Abgeordneter der Nationalversammlung in der Paulskirche für die Ideale der Demokratie gekämpft. An diese demokratische Tradition gelte es nach der Befreiung vom Nationalsozialismus anzuknüpfen.[127]

Der Sport war in der Nachkriegszeit kein Selbstzweck, er bot der desorientierten Kriegs- und Nachkriegsgeneration Halt. Angesichts einer gegenüber der Vorkriegszeit im Jahr 1947 um das Fünffache erhöhten Jugendkriminalität maß der Frankfurter Oberbürgermeister dem Sport im Verein nicht von ungefähr gesellschaftspolitische und pädagogische Bedeutung bei. „Ich schätze den Sport sehr", erklärte Kolb in einem Interview der „Frankfurter Rundschau". Weiter sagte das Stadtoberhaupt in dem im Februar 1956 geführten Gespräch: „Er kräftigt nicht nur den Körper. Er erzieht auch zu Disziplin und Fairneß, und die Jugend lernt es, kameradschaftlich zusammen zu sein. Kurzum, der Sport schafft viele seelische und sittliche Werte. Deshalb unterstütze ich ihn, wo ich kann, und werde alles daransetzen, den Sportlern und Sportvereinen die Mittel zu geben, die sie zur Ausübung ihres Sports benötigen."[128]

An den erforderlichen Mitteln, sprich Sportplätzen und Turnhallen sowie Sportkleidung und -geräten, haperte es in den ersten Nachkriegsjahren an allen Ecken und Enden. Die Bombenteppiche hatten die Sportanlagen nicht verschont. Lediglich neun von 141 Turnhallen waren 1945 noch intakt. Zwei Drittel der Sportplätze waren unbespielbar. Von der Pferderennbahn in Niederrad bis zum Ruderdorf bei

Oberrad bot sich ein Bild der Zerstörung. Der chronische Mangel an Turnhallen und Sportplätzen wurde 1945 durch die Requirierungen der Militärregierung noch zusätzlich verschärft. Die Stationierung amerikanischer Truppen in Frankfurt ging mit umfangreichen Beschlagnahmungen einher, von denen ganze Wohnsiedlungen aber auch Sportanlagen betroffen waren. Im Juli 1948 befanden sich das in „Victory Park" umbenannte Waldstadion, der IG-Farben-Sportplatz an der Miquelallee, das Gelände des Sport-Clubs Frankfurt 1880 nahe der Adickesallee, die Tennisplätze im Palmengarten und auf den Sandhöfer Wiesen sowie das Fechenheimer Hallenbad in amerikanischer Hand. Die Aktiven mußten auf den verbliebenen Sportplätzen zusammenrücken.[129]

Trotz aller Widrigkeiten fand auf den Tag genau zwei Monate nach der bedingungslosen Kapitulation auf dem Niederräder Sportplatz Sandhöfer Wiesen am 8. Juli 1945 die erste offizielle Sportveranstaltung nach Kriegsende in der amerikanischen Besatzungszone statt. Vor 5.000 Zuschauern bezwang der Fußballsportverein die Mannschaft von Union Niederrad mit 7:1.[130] Inmitten einer Trümmerlandschaft verzeichnete der Sport Zuschauerrekorde: 40.000 Besucher kamen am 13. Juli 1946 zu dem Sportfest „Tag der Eintracht" in das von der Militärregierung erstmals für eine Großveranstaltung freigegebene „Victory Stadium".[131] Den Boxkampf Max Schmeling gegen Werner Vollmer wollten im Stadion am 28. September 1947 ebenfalls 40.000 sehen, und am 15. August 1948 war die Stadion-Radrennbahn als Austragungsort der Deutschen Steher-Meisterschaften mit 23.000 Zuschauern restlos ausverkauft.[132] Für die Dauer von zwei Halbzeiten, sieben Boxrunden oder einem Steherrennen waren die Sorgen um das tägliche Brot vergessen. Wie passen Unterernährung, Wohnungsnot und Flüchtlingselend auf der einen und der frühe Auftakt der Fußballer oder das erste Sportfest der Leichtathleten am 30. September 1945 in Höchst auf der anderen Seite zusammen? Der Journalist Richard Kirn schrieb in einer Glosse für die in Frankfurt verlegte Wochenzeitung mit dem programmatischen Titel „Der neue Sport" zu diesem Widerspruch im März 1947: „Noch leben wir in Wüsten. Zu den Oasen gehört der Sport."[133]

Walter Kolb sah das genauso. Der Oberbürgermeister erhoffte sich von dem Frankfurter Turnfest 1948, „daß es in Zeiten größter Not den Männern und Frauen aus allen deutschen Ländern Mut und Kraft, Freude und neuen Lebenswillen schenkte."[134] Mit dem am Rande der Gründungstagung des „Deutschen Arbeitsausschusses Turnen" (DAT) in Northeim am 14. September 1947 unterbreiteten Vorschlag, die nächstjährigen Kunstturnmeisterschaften aus Anlaß der Paulskirchenfeier zu einem Turnfest auszuweiten und in Frankfurt abzuhalten, hatte der Vorsitzende der „Frankfurter Turn- und Fechtgemeinde von 1861", Albert Zellekens, den Stein ins Rollen gebracht. Einmütig verabschiedeten der DAT und die Vorsitzenden der Landesturnverbände bei einer Zusammenkunft in Bad Homburg am 17. Januar 1948 das Frankfurter Festprogramm. Schwieriger gestaltete sich da schon die Suche nach einem unverfänglichen Titel für die geplante Veranstaltung. Um Einwänden der

Militärregierung zuvorzukommen, zudem mit Rücksicht auf die Arbeiterturner, wurde die ursprünglich vorgesehene Bezeichnung „Deutsches Turnfest Frankfurt" in „Frankfurter Turnfest 1948" abgeändert. Der Geschäftsführer des Frankfurter Turnfests, Walter Gleffe, hatte sich als erstes um die Genehmigung der Veranstaltung und die Freigabe des „Victory Stadiums" durch die Besatzungsmacht zu kümmern. Auf ein entsprechendes Gesuch gab die bei der Militärregierung zuständige „Special Service Section" am 9. März 1948 ihr „Okay".[135] Nachdem der DAT diese erste Hürde genommen hatte, wäre das Turnfest beinahe noch an der Währungsreform, die am 20./21. Juni 1948 mitten in die Vorbereitungen hineinfiel, gescheitert. Für den 19. Juni nach Höchst einberufen, hatte die Hauptversammlung des DAT am Vorabend der Währungsreform den festen Willen bekundet, das Turnfest ungeachtet der offenen Finanzierung durchzuführen. Alle Beteiligten mußten sich darüber im klaren sein, daß der DAT zur Rettung des Turnfests eine DM-Finanzspritze benötigte.

Im Namen des DAT richtete Geschäftsführer Gleffe am 23. Juni 1948 ein entsprechendes Hilfeersuchen an Oberbürgermeister Kolb. Um das Frankfurter Turnfest vor dem vorzeitigen Aus zu bewahren, bat Gleffe um einen Überbrückungskredit in Höhe von 20.000 Deutschen Mark.[136] In der den DAT-Antrag beratenden Magistratssitzung vom 28. Juni bewährte sich Kolb als zuverlässiger Fürsprecher der Turner. Gegen den Widerstand von Stadtrat Reinert, der das Turnfest unter den gegebenen Umständen am liebsten abgesagt hätte, setzte der Oberbürgermeister im Magistrat die Bewilligung des Turnfest-Kredits durch. Stadtrat Menzer stärkte Kolb dabei den Rücken: „Es gehe hier um die Jugend, der man helfen wolle. Es sei besser, wenn die Jugend Sport treibe, als wenn sie sich in Lokalen der Friedrich-Ebert-Straße [heutige Kaiserstraße] herumtreibe und Schwarzhandelsgeschäfte mache."[137]

Von der Paulskirche aus, so die Quintessenz der von Walter Kolb zur Eröffnung des „Frankfurter Turnfests 1948" gehaltenen Rede, sollte der „Wiederaufbau des deutschen Turnerbundes" erfolgen.[138] Für die Gründung eines „Deutschen Turner-Bundes" war im August 1948 allerdings die Zeit noch nicht reif. Offiziell durften nur die Teilnehmer aus der amerikanisch-britischen Bizone zum Frankfurter Turnfest reisen. Die Turner aus den Gebieten unter französischer Kontrolle kamen heimlich, aus der Ostzone kam niemand. Den Heimvorteil konnte nur Doris Bethe von der „Turn- und Sportvereinigung Sachsenhausen" für einen Sieg im Siebenkampf der Jugend-Turnerinnen nutzen. Jakob Kiefer von der „Frankfurter Turn-und Fechtgemeinde" belegte nach spannenden Positionskämpfen in der Königsdisziplin, dem Olympischen Zwölfkampf, immerhin den dritten Platz. Kiefer war Mitglied der von Albert Zellekens 1945 zur Wiederbelebung des Turnens in Frankfurt gebildeten Ernst Winter-Riege. Die Riege trainierte in der provisorisch instand gesetzten Eintracht-Turnhalle im Oederweg. In der unbeheizten Halle mußten sich im Winter vor dem Beginn des Trainings vier Turner auf die Reckstange setzen, um sie anzuwärmen.[139] Als beste Turnerin wurde am Schlußtag des Turnfests Irma Bogner-Bramschäfer vom

Abschlußfeier des Frankfurter Turnfests mit Siegerehrung. Fotografie von Fred Kochmann 22. August 1948.

TSV Nürnberg für ihren Sieg im Neunkampf ausgezeichnet. Bei den Männern überragte Doppelsieger Theo Wied, der für den TSV Stuttgart-Münster startete. Wied konnte sowohl den Deutschen als auch den Olympischen Zwölfkampf für sich entscheiden. Oberbürgermeister und Schirmherr Walter Kolb nahm am Sonntag, dem 22. August 1948, im „Victory Stadium" gemeinsam mit dem Leiter des DAT, Eugen Eichhoff, die Siegerehrungen vor. Am darauffolgenden Tag berief der erste in der Paulskirche versammelte Deutsche Nachkriegs-Turntag Walter Kolb zum Nachfolger von Eichhoff.[140]

Eugen Eichhoff hatte die Kandidatur Kolbs, der in Turnerkreisen ein unbeschriebenes Blatt war, selbst vorgeschlagen.[141] Die Wahl des populären Demokraten an die Spitze des DAT war ein kluger Schachzug, der dem Turnen in der Nachkriegszeit wieder Kredit verschaffte. Für die Turner wurde Kolb, dem mit Unterstützung seines Stellvertreters Oskar Drees die Aussöhnung zwischen der 1933 verbotenen „Arbeiter-, Turn- und Sportbewegung" und der bürgerlichen „Deutschen Turnerschaft" sowie die Gründung des einheitlichen „Deutschen Turner-Bundes" (DTB) gelang, zur Galionsfigur. Die Geschäftsstelle des Frankfurter Turnfests und der städtische Verbindungsmann zu den Dienststellen der Militärregierung, Otto von Recum, hatten bereits im Juli/August 1948 die Chancen für eine Gründung des DTB ausgelotet. Erste Sondierungsgespräche über die Bildung eines einheitlichen

Turnerbundes scheiterten jedoch an den Bestimmungen der Direktive Nummer 23.[142] Mit dieser am 17. Dezember 1945 erlassenen Direktive hatte der Alliierte Kontrollrat eine Trennungslinie zur braunen Vergangenheit des deutschen Sports gezogen. Sämtliche Sportorganisationen, die schon vor der Kapitulation bestanden hatten, wurden aufgelöst, die Gründung neuer Vereine war fürderhin von der Genehmigung durch die örtlichen Besatzungsbehörden abhängig. Alle interzonalen Bemühungen der Verbandsbildung wurden verboten, die Organisationsstrukturen des Sports auf die Kreisebene beschränkt. Der Kontrollrat schuf mit dem Kahlschlag zumindest die Voraussetzungen für den Aufbau demokratischer, von militärischem und nationalsozialistischem Ballast befreiter Sportorganisationen.[143]

Das Ziel der Turner blieb unverändert die Gründung des „Deutschen Turner-Bundes". Die Umwandlung des im Ausland nicht anerkannten DAT in einen DTB bildete die Eintrittskarte für die Teilnahme an internationalen Wettkämpfen, wie zum Beispiel den Olympischen Spielen. Anläßlich eines Schauturnens der „Deutschlandriege" kündigte Kolb im Juli 1949 fest entschlossen an, daß die Konstituierung des DTB zu Pfingsten 1950 in der Frankfurter Paulskirche erfolgen werde. Im September 1949 wurde Kolb in das neugegründete „Nationale Olympische Komitee" gewählt.[144] Die Vorbereitungen für den Deutschen Turntag 1950 liefen auf Hochtouren, Bundespräsident Heuss hatte seine Teilnahme fest zugesagt[145], als Kolb am 12. Mai 1950 in einer „streng vertraulich" eingestuften Sitzung

Gauturnfest Mainspessart. Fotografie von K. Dümmler.

des vorbereitenden Komitees mitteilte, daß die Hohe Alliierte Kommission zwar den Turntag genehmigt, die Gründung des DTB aber erneut abgelehnt habe. Während der Turntag zunächst weiter vorbereitet wurde, als wäre nichts geschehen, setzte hinter den Kulissen hektische Betriebsamkeit ein. Einen Tag nach Bekanntwerden der Hiobsbotschaft reiste am 13. Mai eine Abordnung des Vorbereitungskomitees – Oberverwaltungsdirektor Kohl und Otto von Recum für die Stadt Frankfurt sowie Albert Zellekens und Konrad Sczygiol als Vertreter des Turntagbüros – nach Bonn, um über die Verbindungsstelle des Bundeskanzleramts mit der Hohen Alliierten Kommission in Kontakt zu treten. Unter Hinzuziehung von Carl Diehm verfaßte die Delegation vor Ort ein Memorandum, das dem Hochkommissariat zugeleitet wurde. Die Autoren der Denkschrift stellten klar, daß es sich bei dem geplanten Turnerbund um eine Neugründung und nicht etwa um eine Nachfolgeorganisation des „Nationalsozialistischen Reichsbunds für Leibesübungen" handelte.[146] Unbeeindruckt erneuerte der amerikanische Hochkommissar John McCloy in einem Schreiben an Bundeskanzler Konrad Adenauer am 23. Mai 1950 das Verbot der DTB-Gründung. McCloy begründete den Bescheid unter Hinweis auf „die geschichtliche Verknüpfung (Association) mit deutschen nationalistischen Bewegungen und auf die Wirkung, welche die Gründung einer solchen Körperschaft in der öffentlichen Meinung des Auslandes haben würde."[147]

Walter Kolb unternahm daraufhin einen letzten Rettungsversuch und intervenierte am 24. Mai 1950 in Begleitung Otto von Recums bei McCloy persönlich gegen die Entscheidung des Hochkommissars vom Vortag. Das Gespräch im IG-Hochhaus führte insofern zu einer Annäherung der Standpunkte, als die Bildung einer gemeinsamen Kommission zur Beratung des zukünftigen Turnerbunds vereinbart wurde. McCloy versicherte Kolb einer von Recum angefertigten Aktennotiz zufolge ausdrücklich seiner Hochachtung: „Gegen die Person der Führung des Deutschen Turnerbundes, insbesondere gegen Herrn Oberbürgermeister Dr. Kolb, seien keine Bedenken vorhanden, im Gegenteil würde man es sehr ungern sehen, wenn Herr Oberbürgermeister sein Amt als Präsident des Deutschen Turnausschusses niederlegen würde, da er eine Garantie biete, dass die beabsichtigte Vereinigung auf dem rechten Wege gehalten würde."[148] Der Deutsche Turntag fand am Pfingstwochenende 1950 bis auf die DTB-Gründung wie geplant und in Anwesenheit des Bundespräsidenten statt. Walter Kolb wurde nahezu einstimmig als Vorsitzender wiedergewählt. Einem kurzen Dankeswort fügte Kolb humorig hinzu, er hoffe im Laufe der Jahre auch noch die vier Gegenstimmen zu gewinnen, was ihm 1952, als im nahegelegenen Hanau die Wahl des Bundesvorsitzenden anstand, tatsächlich glückte. Der Durchbruch in den Verhandlungen mit dem Hochkommissariat über die Gründung des DTB gelang mit Hilfe einer achtseitigen, von Kolb am 5. Juli 1950 vorgelegten Denkschrift, in der noch einmal unmißverständlich die Notwendigkeit einer Dachorganisation der Turner dargelegt wurde. Nach einer letzten kritischen Durchsicht der Satzungen gaben die Alliierten im August 1950 den Weg zur

Gründung des DTB frei.[149] Im Anschluß an die letzte Sitzung des DAT-Hauptausschusses, der die neue DTB-Satzung einstimmig annahm, verkündete der erste Bundesvorsitzende Walter Kolb am Abend des 2. September 1950 vom Balkon des Tübinger Rathauses die Gründung des „Deutschen Turner-Bundes".[150]

Walter Kolb rührte auch beim „Deutschen Städtetag", der seit November 1946 wieder über die Zonengrenzen hinweg arbeitete, kräftig die Trommel für die Belange des Sports. Wiederholt profilierte sich der Frankfurter Oberbürgermeister bei Veranstaltungen des Städtetags auf dem Gebiet der kommunalen Sportverwaltung. Als Präsidiumsmitglied des Städtetags leitete Kolb im Oktober 1949 eine Tagung über „Kommunale Sportaufgaben" in Duisburg, im Olympiajahr 1952 referierte er vor der 5. Hauptversammlung des „Deutschen Städtetags" in Berlin über das Thema „Die deutschen Städte und der Sport". Kolb bezeichnete die städtische Sportverwaltung als eines der „zentralsten Anliegen, das überhaupt auf einer Hauptversammlung unseres Städtetages besprochen werden kann", erinnerte aber zugleich warnend an jüngst vergangene Zeiten, „in denen der Körper überbewertet worden und der Geist zu kurz gekommen ist."[151] Der Oberbürgermeister der hessischen Metropole erklärte das Sportamt für größere Städte zu einem unverzichtbaren Verwaltungszweig. Die Sportverwaltung habe im Sinne der vorbeugenden Gesundheitspflege den Breitensport zu unterstützen, den Sportstättenbau zu planen, die Förderung der Vereine sicherzustellen und allgemein für die sportliche Betätigung zu werben. Mit großer Weitsicht forderte Kolb gegen Ende seiner Ausführungen: „Wir möchten, daß der Sport frei wird von allen kommerziellen Schlacken."[152]

Der „Deutsche Städtetag" hatte der Bedeutung des Sports im Frühjahr 1950 Rechnung getragen und einen Sportausschuß unter Kolbs Vorsitz eingerichtet. Als erstes Ergebnis der Sportausschußberatungen gab Kolb auf der Berliner Hauptversammlung des Städtetags am 15. Juli 1952 sechs „Leitsätze für die kommunale Sportpflege" bekannt. Eine zentrale, im vierten Leitsatz verankerte Förderungsmaßnahme betraf den Sportstättenbau: „Für die Sportpflege durch stadteigene Einrichtungen kommt vorwiegend die Errichtung und Unterhaltung von Übungsstätten – Turnhallen, Schwimmbäder, Sportplätze – in Frage."[153] Als Oberbürgermeister hat Kolb die selbst mitverfaßten Leitsätze beherzigt: Den rund 200 Frankfurter Turn- und Sportvereinen standen Ende 1955 wieder 58 Schul- und sonstige Turnhallen sowie 64 Sportplätze zur Verfügung. Das Anfang Juli 1950 auf Drängen Kolbs von der Militärregierung freigegebene Waldstadion wurde zwischen 1953 und 1955 mit einem Aufwand von fast 2,3 Millionen Mark zur zweitgrößten, 87.000 Zuschauer fassenden Sportarena der Bundesrepublik ausgebaut. Eine Studie des Magistrats bezifferte die von 1948 bis 1955 von der Stadt insgesamt zur Sportförderung aufgewendeten Mittel auf 8,6 Millionen Mark.[154]

Walter Kolb war bekanntlich ein ebenso sportbegeisterter wie korpulenter Mensch. Beim „Frankfurter Turnverein 1860" wurde der Oberbürgermeister seit dem

Freigabe des Stadionbads durch Oberbürgermeister Kolb am 2. Juli 1950.

1. Juli 1948 lediglich als passives Mitglied geführt. Entgegen seiner enormen Leibesfülle bewegte sich Kolb keineswegs schwerfällig, sondern „erstaunlich rasch, geradezu wie ein Wiesel huschend."[155] Außerdem war Kolb ein trainierter Schwimmer. Solange es die Wasserqualität erlaubt hatte, durchschwamm Kolb frühmorgens den vor seiner Haustür in Höchst gelegenen Main. Seitdem die Amerikaner im Juni 1950 das Stadionbad geräumt hatten, besaß der Oberbürgermeister einen Nachschlüssel für das Tor zum Schwimmbad. Dort suchte der passionierte Schwimmer in den Sommermonaten zu später Stunde Erholung.[156]

Unvergessen bleibt das Wettschwimmen im Kahler See vom 20. Juli 1949. Aus einem Aprilscherz heraus entstanden, maßen sich zehn Sportjournalisten mit ihrem Stadtoberhaupt im Langstreckenschwimmen. Nach einer Stunde und vierzig Minuten schlug der Herausforderer Kolb als erster an, nur zwei der Konkurrenten erreichten aus eigener Kraft das Seeufer. Unterwegs war Kolb jedoch ein kleines Malheur passiert: Das Gummiband seiner Badehose hatte der Belastung nicht standgehalten. Als der Oberbürgermeister mit rutschender Badehose aus dem Kahler See stieg gelang einem Pressefotografen in Paparazzi-Manier ein Schnappschuß, den „Der Spiegel" am 28. Juli 1949 unübersehbar auf der letzten Seite veröffentlichte.

Ganz Deutschland amüsierte sich – Kolb nahm's ebenfalls mit Humor. In der übernächsten Ausgabe des Wochenmagazins kamen dagegen empörte Leser zu Wort, die der „Spiegel"-Redaktion wegen der „Bloßstellung" des Frankfurter Oberbürgermeisters Geschmacklosigkeit und mangelndes Taktgefühl vorwarfen. Der Wuppertaler Fabrikant Carl Hackenberg schickte Kolb einige Meter seines „bewährten und wirklich widerstandsfähigen Gummibandes", damit ihm ein ähnliches Mißgeschick nicht noch einmal widerfahre. Kolb dankte belustigt und versprach, daß er das Gummiband „gern einer Prüfung unterziehen werde."[157]

Unter dem Sportfreund Kolb wurde Frankfurt am Main nicht nur zu einem beliebten Austragungsort wichtiger Sportveranstaltungen, wie zum Beispiel den ersten Deutschen Schwimm- und Springmeisterschaften der Nachkriegszeit am 23./24. August 1947, sondern auch zum Sitz einflußreicher Sportverbände. Die Geschäftsstellen des „Deutschen Sportbundes" (Kolb war Mitglied des DSB-Präsidiums), des „Deutschen Fußballbundes" und des „Deutschen Turner-Bundes" befanden sich im Jahr 1955 in Frankfurt. Nach 1950 hatte sich Frankfurt zur „Hauptstadt des bundesdeutschen Sports"[158] gemausert.

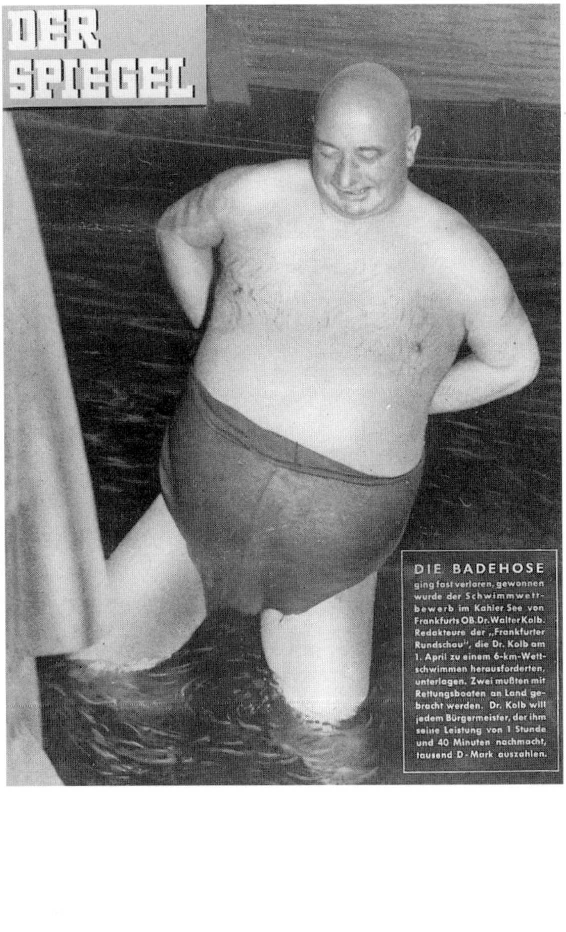

Nur heimliche Hauptstadt

Mit Frankfurt hatten die Amerikaner viel vor. Im IG-Farben-Gebäude brachten die Streitkräfte 1945 das europäische Hauptquartier der „United States Forces – European Theater" unter. Ab 1949 beherbergte der von Hans Poelzig errichtete Gebäudekomplex den Militärgouverneur Lucius D. Clay und später John McCloy, den Hohen Kommissar für Deutschland. Als Verwaltungssitz des aus der amerikanischen und der britischen Besatzungszone am 1. Januar 1947 hervorgegangenen „Vereinigten Wirtschaftsgebiets" und als Tagungsstätte des „Wirtschaftsrats", einer parlamentarischen Versammlung, deren 104 Mitglieder von den Länderparlamenten entsandt wurden, bildete Frankfurt faktisch die Hauptstadt der Bizone.[159]

Das enge Verhältnis zwischen den USA und Frankfurt am Main war Anfang August 1947 Gegenstand einer Unterredung Walter Kolbs mit dem Politischen Berater der Vereinigten Staaten für Deutschland, Robert D. Murphy. In der Magistratssitzung vom 15. August 1947 berichtete der Oberbürgermeister über das informelle Gespräch mit Murphy, das auch die Probleme des bizonalen Bauprogramms in Frankfurt berührt hatte: „Von allen deutschen Städten interessiere Frankfurt in Amerika am meisten. Der Botschafter habe hinzugefügt, dass wir uns aufs äusserste anstrengen möchten. Wenn in Hanau etwas daneben gehe, interessiere das in Washington nicht, bei Frankfurt aber werde es bekannt. Der Oberbürgermeister bittet, sich bei allen Handlungen von dem Gedanken leiten zu lassen, dass Frankfurt im Scheinwerferlicht Washingtons stehe."[160] Der mit der Bündelung der fünf bizonalen Verwaltungsämter verknüpfte zusätzliche Bedarf an 2.600 Büroräumen und 1.065 Wohnungen löste im nach wie vor stark zerstörten Frankfurt nicht nur eitel Freude aus. Auch das von den Besatzungsmächten geförderte und von der städtischen Frankfurter Aufbau AG ab 1. Juni 1947 realisierte bizonale Bauprogramm rief in benachteiligten Bevölkerungskreisen Verärgerung hervor. Den amerikanischen Stellen blieb die mangelnde Akzeptanz nicht verborgen. Der Leiter des Zweizonen-Kontrollamts, Oberst Robert K. Phelps, ermahnte die Frankfurter Anfang August 1947, sich mit den bizonalen Einrichtungen stärker zu identifizieren: „Der Erfolg oder Misserfolg des gesamten bizonalen Programms werde sich in den nächsten sechs Monaten erweisen und den Vereinigten Staaten klar machen, ob die Deutschen einen Erfolg wollten oder nicht. Bei einem Misserfolg werde sich zwangsläufig die wirtschaftliche Lage Deutschlands verschlechtern und die Erfüllung der weiteren politischen Ziele der Deutschen noch mehr hinausschieben. Die Deutschen würden dann im Winter wieder hungern und frieren."[161] Oberbürgermeister Kolb nahm Phelps von seiner Kritik aus. Walter Kolb hatte die Standortwahl der beiden Besatzungsmächte von Anfang an begrüßt und als Chance für die Stadt begriffen. Die Bevorzugung durch die Amerikaner mußte nach Kolbs Kalkül die

Aussichten der „heimlichen Hauptstadt Deutschlands“, zur Kapitale des zukünftigen Staates erhoben zu werden, zwingend verbessern.[162]

Der zwischen Ost und West schwelende Kalte Krieg machte im Laufe des Jahres 1948 die Errichtung zweier deutscher Teilstaaten immer wahrscheinlicher. Auf der Londoner Sechs-Mächte-Konferenz verständigten sich die Vereinigten Staaten, Großbritannien und Frankreich mit den Beneluxstaaten über die Gründung eines westdeutschen Teilstaats. Die drei Militärgouverneure bekamen den Auftrag, die Ministerpräsidenten der westlichen Besatzungszonen nach Frankfurt zu bestellen und ihnen bei dieser Gelegenheit die Vollmacht zur Einberufung einer verfassunggebenden Versammlung zu erteilen; so geschehen am 1. Juli 1948, als den Ministerpräsidenten im IG-Hochhaus mit den „Frankfurter Dokumenten“ sozusagen die „Geburtsurkunde der Bundesrepublik Deutschland“[163] übergeben wurde. Der Ministerpräsident von Württemberg-Nordbaden, Reinhold Maier, dankte den Generälen und bat um Bedenkzeit. In den anschließenden, mit den Militärs geführten Verhandlungen wehrten sich die Ministerpräsidenten erfolgreich gegen den Staatscharakter der geplanten Neugründung und setzten eine mehr provisorische Lösung durch, um die Tür für ein geeintes Deutschland offenzuhalten. Anstelle der ursprünglich vorgesehenen verfassunggebenden Versammlung wurde ein von den Landtagen besetzter Parlamentarischer Rat gebildet und mit der Abfassung eines „Grundgesetzes“ beauftragt. Der Parlamentarische Rat trat am 1. September 1948 zusammen – und zwar in Bonn. Carlo Schmid (SPD), Hauptausschußvorsitzender des von Konrad Adenauer (CDU) präsidierten Parlamentarischen Rats, erklärte zur Wahl des Versammlungsorts: „Am wenigsten aufwendig wäre es gewesen, den Parlamentarischen Rat nach Frankfurt einzuberufen, wo die parlamentarischen Organe des Wirtschaftsrates und dessen Verwaltungen ihren Sitz hatten. Aber Frankfurt hatte bei den Ministerpräsidenten keinen guten Ruf. Die wenigen bewohnbaren Hotels der Stadt erwiesen sich als wenig gastfreundlich gegenüber deutschen ‘politischen’ Gästen; Geschäftsleute und Angehörige der Besatzungsmächte waren den Hotels als Gäste sichtlich lieber.“[164] In Frankfurt wurden die möglichen Auswirkungen auf die Wahl der künftigen Hauptstadt verkannt und die Entscheidung, den Parlamentarischen Rat nach Bonn einzuberufen, lediglich mit einem Zucken der Schultern zur Kenntnis genommen.

Um so längere Gesichter machten die Frankfurter, als der Parlamentarische Rat am 10. Mai 1949, zwei Tage nachdem er das „Grundgesetz“ angenommen hatte, Bonn mit 33 zu 29 Stimmen zur provisorischen Bundeshauptstadt wählte. Zu lange hatte die Stadt der Paulskirche und der Bizonenverwaltung darauf gebaut, daß ihr die Erhebung zur Hauptstadt in den Schoß fallen würde. Daß die Frankfurter Denkschrift über die Eignung als Sitz der Bundesorgane dem Parlamentarischen Rat erst Anfang November 1948 und damit gut zweieinhalb Monate nach einem Bonner Memorandum vorgelegen hatte, ist symptomatisch für das unterschiedliche Engagement der beiden Konkurrenten. Die Lobby für Bonn war auf Zack. Nur drei

„Frankfurt oder Bonn?“
Karikatur zum Hauptstadt-Streit aus der „Rhein-Neckar-Zeitung“ vom 30. Juni 1949.

Tage nachdem eine Delegation dem Parlamentarischen Rat das Frankfurter Hauptstadt-Konzept vorgestellt hatte, zerpflückte der Chef der nordrhein-westfälischen Staatskanzlei, Hermann Wandersleb, in einer Stellungnahme vom 8. November 1948 das hessische Projekt nach allen Regeln der Kunst. Wandersleb wischte das Frankfurter Hauptargument, daß mit der Investition von weit über 100 Millionen Mark in das bizonale Bauprogramm eine Vorentscheidung gefällt worden sei, mit dem Hinweis auf den nach wie vor dramatischen Bedarf an Büro- und Wohnräumen in Frankfurt vom Tisch, warnte vor einem „unerträglichen Zentralismus“ und erklärte zu allem Überfluß auch noch die als Parlamentsgebäude vorgesehene symbolträchtige Paulskirche für ungeeignet.[165] Als einzigen Neubau im Rahmen der Hauptstadt-Bewerbung errichtete die Stadt Frankfurt daraufhin mit Unterstützung des Landes an der Bertramstraße einen Rundbau für den Plenarsaal des Bundestages. Das später vom Hessischen Rundfunk bezogene Gebäude wurde im Volksmund spöttisch „Kolbs Badewanne“ genannt.[166]

Die Hauptstadtfrage stellte 1949 ein Politikum ersten Ranges dar, das zwangsläufig in die Fänge der Parteipolitik geraten mußte. Während der christdemokrati-

Der Rohbau des geplanten Plenarsaals an der Bertramstraße. Fotografie von Kurt Weiner 1949.

sche Präsident des Parlamentarischen Rats, Konrad Adenauer, hinter der Bewerbung Bonns stand, hatte sich der SPD-Vorsitzende Kurt Schumacher für Frankfurt erklärt. Noch am Morgen des 10. Mai 1949 schien der Erfolg für Frankfurt zum Greifen nahe, doch dann schwanden alle Hoffnungen dahin, als es durch eine von den Bonn-Befürwortern weidlich ausgeschlachtete Unvorsichtigkeit Schumachers bei den ursprünglich auf Frankfurt festgelegten hessischen und bayerischen Abgeordneten der Union zu einem unerwarteten Meinungsumschwung kam. Den Erfolg der Sozialdemokratie über die uneinige Union vor Augen, soll Schumacher, so kolportierten es zumindest die Helfershelfer Adenauers, vor den Gremien seiner Partei am 10. Mai 1949 sinngemäß erklärt haben, daß die Wahl Frankfurts einem Sieg der SPD über die CDU gleichkomme. Adenauer baute den so unter Druck geratenen Abweichlern aus den eigenen Reihen eine goldene Brücke, indem er für eine geheime Abstimmung sorgte. Frankfurt verlor die Wahl, nur die 27 Sozialdemokraten und zwei Liberale, Theodor Heuss[167] und Max Becker, hatten für die hessische Metropole gestimmt.[168] Die Entscheidung provozierte in der süddeutschen Presse einen Sturm der Entrüstung. Die in Stuttgart verlegte „Wirtschaftszeitung“ sprach

Rivalen in der Hauptstadtfrage: Bundeskanzler Adenauer und Oberbürgermeister Kolb.

beispielsweise von einem „politischen Skandal“ und „Schildbürgerstreich“.[169] Der Frankfurter Oberbürgermeister gestand am 12. Mai 1949 in einer Rede vor der Stadtverordnetenversammlung, daß ihn das Abstimmungsergebnis „geschmerzt“ habe. „Wir haben von Frankfurt her“, fuhr Kolb fort, „immer eine strenge sachliche Haltung zu dieser Frage eingenommen. Nicht aus irgendwelchen lokalen Gründen – Frankfurt wird seinen erfolgreich beschrittenen Weg zum Wiederaufstieg fortsetzen –, sondern in politischer Hinsicht: im Interesse unseres deutschen Volkes und einer echten Demokratie. Diese Entscheidung des Parlamentarischen Rates dürfte auch, wie aus vielen Äusserungen massgeblicher deutscher Politiker, u. a. des Herrn hessischen Ministerpräsidenten und des Präsidenten des Zweizonen-Wirtschaftsrats, hervorgeht, nicht als endgültig anzusehen sein.“[170] Kolbs Vermutung bestätigte sich am 6. Juli 1949, als die in Schlangenbad versammelten Ministerpräsidenten die endgültige Entscheidung über die provisorische Hauptstadt dem künftigen Bundestag vorbehielten.[171]

Noch einmal machten Bonn und Frankfurt mobil, schlugen sich die beiden Rivalen die neuesten Zahlen über Büroflächen, Hotelzimmer, Verkehrsverbindungen oder Telefonanschlüsse buchstäblich um die Ohren. Oberbürgermeister Kolb beglückwünschte alle 402 am 14. August 1949 in den Bundestag gewählten Abgeordneten persönlich und übersandte nebenbei die Broschüre „Wohnraum für die Bundesorgane in Frankfurt".[172] Frankfurt scheiterte auch im zweiten Versuch. Die von der sozialdemokratischen Fraktion sowie einigen CDU- und FDP-Abgeordneten beantragte Übersiedlung der Bundesorgane nach Frankfurt fand am 3. November 1949 im Deutschen Bundestag keine Mehrheit. In geheimer Abstimmung waren 176 Abgeordnete für und 200 gegen den Umzug. So blieb man in Bonn, das den provisorischen Charakter der westdeutschen Staatsgründung sicherlich besser zum Ausdruck brachte, als es die Frankfurter Alternative vermocht hätte. Nach der Vorentscheidung im Parlamentarischen Rat, Adenauers Wahlsieg und erfolgreicher Regierungsbildung fiel in Frankfurt ob der endgültigen Niederlage niemand mehr aus allen Wolken.[173] Walter Kolb hielt am Tag der Abstimmung vor der Stadtverordnetenversammlung und anschließend vor der Frankfurter Industrie- und Handelskammer eine für diese Eventualität vorbereitete Rede über „Die Bonner Entscheidung und Frankfurts Zukunftsaufgaben". Nachdem Kolb seine Enttäuschung über die Wahl Bonns, die aufgrund des geheimen Abstimmungsverfahrens dem Ansehen der jungen Demokratie geschadet habe und die Steuerzahler teuer zu stehen kommen werde, zum Ausdruck gebracht hatte, warf er das Ruder mit der Feststellung herum, „daß es für Frankfurt keine Lebensfrage ist, ob es vorläufige Bundeshauptstadt wird oder nicht."[174] Von den Belastungen durch die Trizonenverwaltung befreit, werde die Stadt nun alles daransetzen, um sich als Wirtschaftszentrum des süd- und westdeutschen Raums sowie als internationale Finanz- und Handelsstadt zu profilieren. Der „Weltflughafen", die Frühjahrs- und Herbstmesse sowie die „Bank deutscher Länder" bildeten die Trümpfe der aufstrebenden Wirtschaftsmetropole. Daß der Oberbürgermeister die wirtschaftliche Zukunft Frankfurts am 10. Mai 1949 vor den Stadtverordneten in den rosigsten Farben schilderte, konnte allerdings über eines nicht hinwegtäuschen: Mit der Niederlage in der Hauptstadtfrage mußte Kolb die schwerste politische Schlappe seiner Amtszeit einstecken.

Auf dem Weg zur Wirtschaftsmetropole

Über den Bürgermeister a. D. und damaligen Beauftragten der Stadt Frankfurt für die Unterbringung der Trizonen- und Bundesbehörden, Karl Altheim, wird erzählt, daß er, nachdem der Rundfunk die Wahl Bonns zur Hauptstadt gemeldet hatte, gleichmütig Pläne für den Aufbau eines Wirtschaftszentrums aus seiner Schreibtischschublade hervorholte.[175] Auch wenn nicht alle Frankfurter so kühl auf die Abstimmungsniederlage reagierten wie Karl Altheim und es in den nächsten Tagen zu einer kleineren Demonstration und der Ankündigung von Steuerstreiks kam, so besann sich die Stadt schon sehr bald auf ihre Möglichkeiten als Wirtschaftsmetropole. Der verheißungsvolle Auftakt der Frankfurter Messe im Oktober 1948 gab allen Grund zur Hoffnung. Oberbürgermeister Kolb hatte am 3. Oktober 1948 in der Aula der Universität feierlich die erste „Friedensmesse" eröffnet und in seiner Begrüßungsansprache die Aufbauleistung der mehrheitlich in städtischem Besitz befindlichen Messe- und Ausstellungs GmbH gewürdigt. Der Festversammlung schilderte Kolb seinen ersten Eindruck von dem zerbombten Messegelände: „Als ich vor 2 1/4 Jahren die Leitung dieser Stadt übernehmen durfte, da war einer meiner ersten Gänge ein solcher durch die Messefelder. In meiner Begleitung befand sich mein getreuer Mitarbeiter in Messefragen, Herr Dr. Schnorr. Inmitten all der Zerstörungen und all des grauslichen Aussehens dieser Anlagen als Folgen des Krieges sagte ich damals: hier ist ja weniger als gar nichts!"[176] Kolb ließ sich von dem deprimierenden Anblick keineswegs entmutigen und verkündete in einer am 25. August 1946 ausgestrahlten Rundfunkansprache über die künftige Kommunalpolitik: „Frankfurt soll wieder Messestadt werden."[177]

Wichtige Vorarbeiten hatten der für das Messe- und Austellungswesen zuständige Stadtrat Robert August Lingnau und Oberbürgermeister Kurt Blaum seit April 1946 geleistet. Aus Lingnaus Feder stammte die von Blaum am 18. April 1946 an den groß-hessischen Ministerpräsidenten Karl Geiler weitergeleitete Denkschrift bezüglich einer Wiederaufnahme der Frankfurter Messen und Fachausstellungen. Das Papier des Stadtrats erklärte die Abhaltung von Messen zur Abstimmung von Angebot und Nachfrage sowie zur Herstellung von Geschäftsverbindungen und ganz allgemein zur Ankurbelung der daniederliegenden Wirtschaft für unentbehrlich. Am Bedarf der Nachkriegsgesellschaft orientiert, sollte 1947/48 mit einer Bau- und Siedlungsausstellung sowie einer Landwirtschaftlichen Ausstellung ein neuer Anfang gemacht werden. Der Wiederaufbau des Messegeländes begann mit der Instandsetzung des „Hauses der Technik", der mit 8.500 Quadratmetern Ausstellungsfläche größten Frankfurter Messehalle.[178] Auf dem zu 95 Prozent zerstörten Messegelände arbeitete die Messe- und Ausstellungs GmbH seit Anfang 1946 zunächst in Baracken, bevor sie am 15. August 1946 provisorisch hergerichtete Büros in der ausgebombten Festhalle beziehen konnte. Ebenso wie sein Amtsvorgänger war Kolb von der Notwendigkeit, baldmöglichst wieder Ausstellungen und Messen zu veranstalten, überzeugt. Das neue Stadtoberhaupt ging sogar noch einen Schritt weiter und kündigte kurz nach seiner Amtseinführung die erste Nachkriegsmesse in der Tradition der Frankfurter Mustermessen für Herbst 1947 an.[179]

Die Diskrepanz zwischen der vorhandenen Ausstellungsfläche und fehlenden Unterkünften auf der einen und den zahlreichen Anmeldungen von Ausstellern und Besuchern auf der anderen Seite machte dem Aufsichtsratsvorsitzenden der Messe- und Ausstellungs GmbH, Walter Kolb, einen dicken Strich durch die Rechnung. Bis zum 9. April 1947 lagen 1.563 Anmeldungen vor, womit die in Zelthallen und Schulen zur Verfügung stehende Ausstellungsfläche von 10.700 Quadratmetern bereits zu diesem frühen Zeitpunkt restlos erschöpft war. Der am 10. April 1947 im Magistrats-Sitzungssaal in der Lindenstraße 27 versammelte Aufsichtsrat der Messe GmbH stand vor einer schwierigen Entscheidung: Sollte die für den 21. bis 25. September 1947 angekündigte Messe trotz der zu erwartenden Engpässe wie geplant stattfinden, oder sollte man lieber auf Nummer Sicher gehen und die Veranstaltung um ein Jahr verschieben? Der Geschäftsführer der Messe- und Ausstellungs GmbH, Julius Karl Schnorr, plädierte, auch um konkurrierenden Messestädten wie Köln, Düsseldorf oder Hannover zuvorzukommen, dafür, das Risiko einzugehen und die Herbstmesse 1947 in „einfachster Weise" abzuhalten. Schnorr wußte Oberbürgermeister Kolb, der schon vor der Aufsichtsratssitzung die Parole „Nicht warten, sondern handeln und entschlossen zupacken"[180] ausgegeben hatte, auf seiner Seite.

Im Verlauf der Aussprache mehrten sich jedoch die skeptischen Stimmen, die davor warnten, daß eine verpatzte Messe-Premiere dem Ansehen der Stadt mehr Schaden zufügen werde als eine zum jetzigen Zeitpunkt bekanntgegebene Verlegung. Da zu den Skeptikern so einflußreiche Persönlichkeiten wie der Vertreter des hessischen Wirtschaftsministeriums, Ministerialdirektor Magnus, der Präsident der Frankfurter Industrie- und Handelskammer, Alfred Petersen, oder die Stadtverordneten Hermann Schaub (SPD) und Hans Wilhelmi (CDU) gehörten, entschied sich der Aufsichtsrat am 10. April 1947 mit acht gegen vier Stimmen für eine Verschiebung der Messe bis zum Herbst 1948.[181]

Oberbürgermeister Kolb in Begleitung ausländischer Messegäste beim Eröffnungsrundgang auf dem Messegelände. Am linken Bildrand: Julius Karl Schnorr, Geschäftsführer der Messe- und Ausstellungs-GmbH. Fotografie von Karoline Früh 3. Oktober 1948.

Fünf Wochen bevor die Herbstmesse ihre Pforten öffnete, fand vom 29. August bis zum 5. September 1948 die noch von Blaum und Lingnau angeregte Landwirtschaftliche Ausstellung statt. Ausrichter der „Lehrschau", die der Landwirtschaft auf die Beine helfen sollte, waren die Messe GmbH und die von Kolb im Herbst 1947 mitbegründete „Deutsche Landwirtschafts-Gesellschaft." Das Publikumsinteresse war so groß, daß in den acht Messehallen zeitweise ein „lebensgefährliches Gedränge" herrschte und die Besucher nur noch schubweise Einlaß fanden.[182] Als Generalprobe für die erste Nachkriegsmesse war die Landwirtschaftliche Ausstellung ein Riesenerfolg.

Das Jahr 1948 bildete mit der Paulskirchenfeier, der Gründung der „Bank deutscher Länder" und dem Messe-Auftakt einen Wendepunkt in der Frankfurter Stadtgeschichte nach 1945. Neben Oberbürgermeister Kolb, dem Vertreter der Militärregierung, Francis E. Sheehan, und dem hessischen Ministerpräsidenten Christian Stock ergriff bei der Eröffnungsfeier der Herbstmesse am 3. Oktober 1948 auch der Direktor der bizonalen Verwaltung für Wirtschaft, Ludwig Erhard, das Wort. Der Wirtschaftsdirektor verwies auf den durch die Währungsreform ausgelösten Aufwärtstrend und erklärte, daß die Frankfurter Messe „im Zeichen einer um ihre innere und äußere Gesundung ringenden Wirtschaft und Gesellschaft“[183] stehe. Viele Aussteller hatten die Neuordnung des Geldwesens abgewartet und sich erst nach dem 20. Juni 1948 zur Teilnahme an der Messe entschlossen. Auf 65.000 Quadratmetern Ausstellungsfläche, 35.000 davon waren überdacht, warben vom 3. bis zum 8. Oktober 1948 in 32 Branchen gegliedert 1.815 Firmen für ihre Produkte. 46 Aussteller aus den Niederlanden, Belgien, Dänemark, Frankreich, Großbritannien, Italien, Österreich und der Schweiz gaben der Herbstmesse einen internationalen Touch. Die Branchengliederung, die sogenannte „Frankfurter Form“, hatte sich schon bei den Messen zur Zeit der Weimarer Republik bewährt. Der Maschinenbau stellte mit 25 Prozent der Aussteller, gefolgt von Textilerzeugnissen und Rauchwaren (elf Prozent) sowie Haus- und Küchengeräten (neun Prozent), die größte Messeabteilung. Von den über 300.000 Messebesuchern wurde das von Piaggio & Co in Genua entwickelte Leichtmotorrad „Vespa“ mit am meisten bewundert. Auch die „Frankfurter Rundschau“ widmete dem „Messeschlager“ einige Zeilen: „Das Motorrad, dessen Rahmen aus schalenförmig gepreßtem Stahlblech besteht, besitzt einen Zweitaktmotor mit 125 ccm Hubraum und einer maximalen Leistung von 4 PS. Die Höchstgeschwindigkeit in der Ebene beträgt 70 Kilometer je Stunde bei einem Brennstoffverbrauch von nur zwei Liter für 100 Kilometer.“[184] Bei einem Preis von 260 Dollar blieb die „Vespa“ für das Gros der Messebesucher vorerst ein unbezahl-

Wirtschaftsminister Ludwig Erhard eröffnete am 11. März 1951 die Internationale Frankfurter Frühjahrsmesse. Fotografie von Sepp Jäger.

Der Flughafen-Aufsichtsrat stellte sich am 21. Juli 1947 auf der Gangway einer DC-4 in Positur: Oberbürgermeister Kolb, Ministerialrat Hesse, Obermagistratsdirektor Kohl, Landtagspräsident Witte, Oberbaurat Weyhmann, Magistratsdirektor Grau, Direktor Lange, unbekannt, Station Manager Lindquist und Ingenieur Bott (von unten nach oben).

barer Luxus. Trotz Kritik an zu vielen „Sehleuten" wurden innerhalb der Messewoche Auftragsorders mit einem Volumen von über 600 Millionen Mark erteilt und Exportgeschäfte von über 5,5 Millionen Mark abgeschlossen, womit das Ergebnis der Leipziger Herbstmesse glatt um das Zehnfache übertroffen wurde.[185]

Als Folge des Auseinanderdriftens von Ost- und Westdeutschland etablierten sich als Pendants zu den Leipziger Fachmessen in Frankfurt am Main die Pelz- und die Buchmesse. Am Zustandekommen der letzteren hatte neben Oberbürgermeister Kolb der frühere Leipziger Stadtrat und jetzige Bürgermeister Leiske großen Anteil. Die erste, noch parallel zur Herbstmesse vom 18. bis 23. September 1949 veranstaltete Buchmesse fand in der Wandelhalle der Paulskirche statt, wo 205 Verlage etwa 8.400 Titel präsentierten. Im Herbst 1951 zog die Buchmesse auf das Messegelände um und wurde zu einer selbständigen Fachmesse. Den mit Abstand größten Zulauf unter den Frankfurter Fachausstellungen verzeichnete die seit 1951 vom „Verband der Automobil-Industrie" im Turnus von zwei Jahren auf dem Messegelände ausgerichtete Internationale Automobilausstellung (IAA). Die 37. IAA besuchten vom 22. September bis 2. Oktober 1955 über 750.000 Autonarren. Den ständig steigenden Aussteller- und Besucherzahlen trug die Messe GmbH mit dem Wieder- und Neuaufbau von Messehallen Rechnung. So wurde zum Beispiel zur Frühjahrsmesse 1950 das Wahrzeichen der Frankfurter Messe, die von 1907 bis 1909 errichtete und im Zweiten Weltkrieg zerstörte Festhalle, wiedereröffnet und anschließend 1950/51 die Kongreßhalle erbaut. Dem früh verstorbenen und um den Wiederaufbau der Messe hochverdienten Oberbürgermeister Kolb zum Gedenken wurde das umgebaute und erweiterte „Haus der Technik" 1957 in „Walter-Kolb-Halle" umbenannt.[186]

Kraft seines Amtes als Oberbürgermeister von Frankfurt war Walter Kolb Aufsichtsratsvorsitzender der Messe- und Ausstellungs GmbH und der Verkehrs-Aktiengesellschaft Rhein-Main in Personalunion. Kolb personifizierte die fruchtbare Symbiose zwischen Messe und Flughafen. Die Einrichtungen des Flughafens teilten im Frühjahr 1945 das Schicksal des Messegeländes, auch sie waren ausgebombt, bei Rückzugsgefechten von deutschen Truppen gesprengt und kurz vor der Einnahme durch die Amerikaner von Zivilisten geplündert worden. Mehr als 2.000 Bombentrichter hatten das Rollfeld in eine für Starts und Landungen unbrauchbare Kraterlandschaft verwandelt. Deutsche Kriegsgefangene und amerikanische Pioniere leiteten mit der im Juni/Juli 1945 gebauten, 1.800 Meter langen und 45 Meter breiten Startbahn Süd den Wiederaufbau des Frankfurter Flughafens ein. Ehemalige Mitarbeiter suchten von der Südwestdeutschen Flugbetriebs AG (SWF), der Betreiberin des Flughafens bis zur Eroberung durch die US-Armee, zu retten, was zu retten war, und unterstützten auch das 826. Engineer Aviation Bataillon der Amerikaner bei der Wiederherstellung der Strom- und Wasserversorgung des Flughafens.

Im Laufe des Jahres 1946 reifte bei den amerikanischen Militärs die Entscheidung heran, den seit 1. November 1946 „Rhein-Main Air Base" genannten Luftwaffen-Stützpunkt zum europäischen Zentralflughafen der US-Truppen auszubauen. Die hierfür erforderlichen Bau- und Wartungsarbeiten wurden im Mai 1946 in einem Vertrag mit dem Land Groß-Hessen an die SWF vergeben. Als erstes ziviles Verkehrsflugzeug landete am 18. Mai 1946 eine Douglas DC-4 der „American Overseas Airlines" auf dem Frankfurter Flughafen. Der fälschlicherweise in „Southwestern Airlines" übersetzte Name der SWF führte 1947, da Deutschen jede Betätigung auf dem Gebiet der Luftfahrt verboten war, zu einer empfindlichen Abkühlung der amerikanisch-deutschen Beziehungen auf der Air Base. Die Verträge mit der SWF wurden gekündigt, der Aufsichtsrat aufgelöst. Vom hessischen Finanzminister zum Treuhänder der SWF bestellt, erwirkte Oberverwaltungsdirektor Adolf Kohl am 17. April 1947 die Einsetzung eines neuen Aufsichtsrats durch das zuständige Frankfurter Amtsgericht. Der Amtsrichter berief Oberbürgermeister Kolb zum Aufsichtsratsvorsitzenden. Die SWF änderte noch im selben Jahr ihren Namen in Verkehrs-Aktiengesellschaft Rhein-Main (VAG); so beschlossen von der ersten Hauptversammlung der Gesellschaft nach Kriegsende am 25. September 1947. Nach

Kurz nach der Landung in Berlin wurden am 9. August 1948 Stadtverordnetenvorsteher Hermann Schaub und Oberbürgermeister Kolb in Empfang genommen.

einem neuen, am 2. Juni 1948 in Kraft gesetzten Verteilerschlüssel hielt die Stadt Frankfurt 33,74 Prozent, der Bezirksverband Wiesbaden 29 Prozent, das Land Hessen 23,83 Prozent und das ehemalige Deutsche Reich 13,43 Prozent der VAG-Anteile.[187]

Alle drei Minuten startete während der amerikanischen Luftbrücke zur Versorgung West-Berlins vom 26. Juni 1948 bis 30. September 1949 eine mit Hilfsgütern beladene Transportmaschine von der „Rhein-Main Air Base". Mit der Blockade Berlins hatten die Sowjets auf die Zusammenlegung der amerikanisch und britisch besetzten Gebiete zur Bizone und auf die Währungsreform reagiert. Auf Vorschlag von General Lucius D. Clay entschlossen sich die westlichen Alliierten daraufhin, die zweieinhalb Millionen West-Berliner aus der Luft zu versorgen. In Begleitung von Stadtverordnetenvorsteher Schaub flog Oberbürgermeister Kolb im August 1948 mit einem „Rosinenbomber" aus Solidarität mit der bedrohten Stadt nach Berlin. Kolb kam nicht mit leeren Händen. Der stellvertretenden Berliner Bürgermeisterin Louise Schröder übergab Kolb eine zu je einem Drittel von der Direktion und der Belegschaft der Farbwerke Höchst sowie der Stadt Frankfurt finanzierte Medikamenten-Spende im Wert von 60.000 Mark mit den Worten: „Wir verfolgen in Westdeutschland mit heißem Herzen den wahrhaft schweren Kampf, den Berlin um seine und die Freiheit ganz Deutschlands führt."[188] Kolb blieb Berlin auf Dauer verbunden und stattete der geteilten Stadt als erster bundesdeutscher Oberbürgermeister einen offiziellen Besuch ab. Von Kolb stammt auch der Ausspruch, daß er am Tage der Wiedervereinigung Deutschlands zu Fuß nach Berlin gehen werde.[189]

Zehn Fluggesellschaften flogen 1949 den um eine zweite Startbahn erweiterten Frankfurter Flughafen an. Die US-Zivilluftfahrtbehörde übertrug der VAG am 1. Dezember 1949 die Bodenorganisation samt Abfertigung auf Rhein-Main, so daß sich die Airforce 1951 endgültig auf die das südliche Flughafengelände beanspruchende Air Base zurückziehen konnte.[190] Vor dem Hintergrund des Korea-Kriegs sprach der VAG-Aufsichtsratsvorsitzende Kolb auf der traditionellen Weihnachtsfeier der Flughafenmitarbeiter am 20. Dezember 1950 auch über die völkerverbindende Idee des Flughafens: „Darum wollen wir auch den Flughafen Rhein-Main weiter ausbauen, nicht etwa für Militarismus und Bombengeschäfte, sondern damit die Völker zueinander kommen können. Ich denke z. B. an die Kaufleute und viele andere Interessierte, die zu den Messen oder zu sonstigen Veranstaltungen aus USA, Afrika und anderen Ländern nach Europa kommen wollen."[191] Der zweitgrößte Aktionär der am 28. Mai 1954 in Flughafen Aktiengesellschaft Frankfurt/Main (FAG) umbenannten VAG, der Bezirksverband Wiesbaden, wurde 1954 aufgelöst, das herrenlose Aktienpaket dem Land Hessen zugesprochen. Als nunmehr größtem Aktionär stand dem Land Hessen der Vorsitz im FAG-Aufsichtsrat zu. Oberbürgermeister Kolb räumte für den hessischen Ministerpräsidenten Georg August Zinn als neuem Aufsichtsratsvorsitzenden das Feld und mußte sich mit der Stellvertretung Zinns im Flughafen-Gremium begnügen. Der FAG-Vorstand segnete am 15. Juli 1955 eine neue Verteilung der Aktienanteile ab. Seither hält das Land Hessen rund 45, die Stadt Frankfurt 29 und der Bund 26 Prozent der FAG-Aktien.[192]

In einem 1950 von der „Arbeitsgemeinschaft Deutscher Verkehrsflughäfen e. V." unter zehn deutschen Flughäfen durchgeführten Leistungsvergleich schnitt Rhein-Main mit Abstand am besten ab. Fast ein Viertel des gesamten Luftverkehrs über Deutschland wurde in Frankfurt abgewickelt. In Kolbs Todesjahr galt der im Schnittpunkt des deutschen und internationalen Flugverkehrs gelegene Frankfurter Airport als eine der bedeutendsten Drehscheiben der Luftfahrt in Europa. „Frankfurt mit seiner großen demokratischen und wirtschaftlichen Tradition, mit seiner günstigen geographischen Lage, ist wie keine andere Stadt dazu berufen", so Kolbs Vision im Dezember 1949, „deutscher Stützpunkt im internationalen Luftverkehr zu sein. Stadt und Flughafenverwaltung werden alles tun, um hier ein 'Tor zur Welt' zu schaffen, das im Dienst des Friedens und der Wohlfahrt der Völker weit geöffnet sein soll."[193]

Die Schaffung von Arbeitsplätzen gehörte zu Kolbs vorrangigen Zielen als Oberbürgermeister. Nach einer Erhebung des groß-hessischen Landesarbeitsamts ging im Arbeitsamtsbezirk Frankfurt zwischen 1938 (260.341) und 1946 (186.208) die Zahl der Beschäftigten um 29,5 Prozent (74.133) zurück. Inwieweit sich der

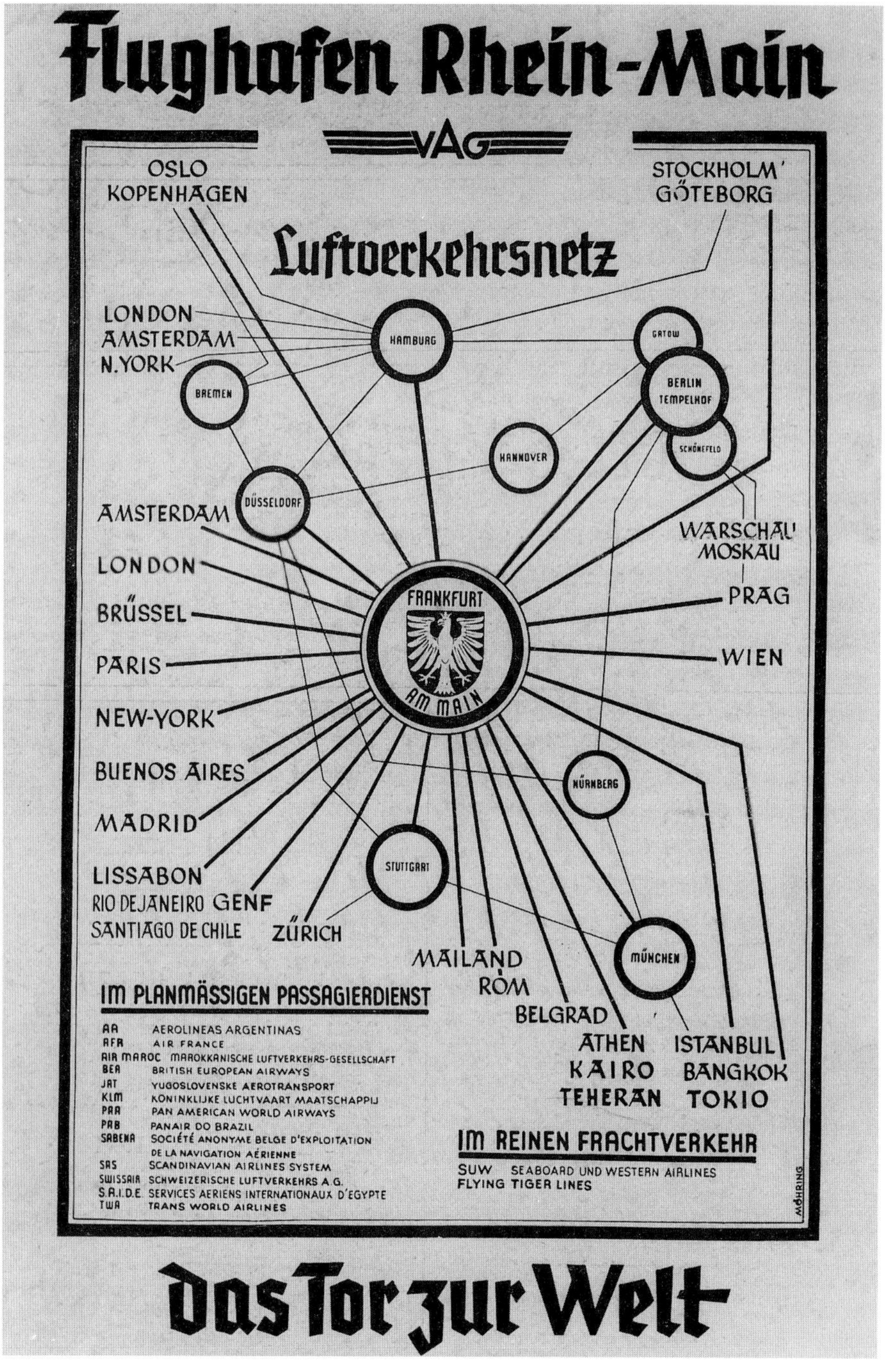

Aus: Nachrichten vom Flughafen Rhein-Main, November 1951.

Verlust von Arbeitsplätzen auf die Arbeitslosenzahl ausgewirkt hat, ist ungewiß. Kolb bezifferte die Frankfurter Arbeitslosenquote im November 1949 auf 3,7 Prozent. Fest steht, daß sich die wirtschaftliche Kraft Frankfurts durch den Verlust von 4.170 Industrie- und Handwerksbetrieben im Zweiten Weltkrieg (1939 = 12.736, 1946 = 8.566 Betriebe) um etwa 33 Prozent verringert hat.[194] Weitere Einbußen erlitt die Frankfurter Industrie durch Demontagen. Mit Teildemontagen der IG-Farbenindustrie, der Adlerwerke und der VDM-Halbzeugwerke in Heddernheim kam Frankfurt im Vergleich zu anderen Regionen aber noch glimpflich davon.[195] „Wirtschaftsförderung" lautete das Gebot der Stunde. Kaum im Amt, hatte Oberbürgermeister Kolb das Gespräch mit Vertretern der Frankfurter Wirtschaft gesucht. Im Präsidenten der Industrie- und Handelskammer (IHK), Alfred Petersen, fand Kolb einen Mitstreiter, der dafür sorgte, daß dem Oberbürgermeister in den Chefetagen die Türen offenstanden. Die Besuche, die Kolb von Zeit zu Zeit den führenden Industriebetrieben zur Kontaktpflege zwischen Stadtverwaltung und Wirtschaft abstattete, gingen auf eine Initiative des IHK-Präsidenten zurück und verschafften dem überzeugend auftretenden Kolb sowohl bei den Arbeitgebern als auch auf Seiten der Arbeitnehmer großen Kredit.[196]

Nachdem der Traum von der Erhebung zur Hauptstadt im November 1949 ein für allemal ausgeträumt war, setzte man in Frankfurt ganz auf eine Zukunft als Wirtschaftszentrum. Sichtbares Zeichen für den neuen Kurs der Stadtpolitik war die Gründung einer Bürgermeister Walter Leiske unterstellten, schlagkräftigen „Abteilung für Wirtschaftsförderung" im Dezember 1949. Der Auftrag der Abteilung lag auf der Hand: Sie sollte für ein „wirtschaftsfreundliches Klima" in Frankfurt sorgen und unternehmerische Initiativen in der Stadt fördern.[197] Hinter der städtischen Wirtschaftsförderung stand die Absicht, neue Arbeitsplätze zu schaffen. Auf die Frage „Was will die stadtseitige Wirtschaftsförderung?" antwortete Leiske 1953: „Sie will den produktiv tätigen Gemeindebürger, insbesondere auch den zuwandernden, in den Mittelpunkt der Gemeindepolitik rücken, will ihm durch stadtseitige Förderungsmaßnahmen seinen Arbeitsplatz erhalten, will ihm neue Arbeitsplätze erschließen, will ihn, mit anderen Worten, fernhalten von den Kassenschaltern einer unproduktiven und persönlich so entwürdigenden Erwerbslosenfürsorge."[198]

Daß die in Berlin ansässige Allgemeine Elektrizitätsgesellschaft (AEG) 1951 die „Zentralverwaltung West" nach Frankfurt verlegte, ist nur ein Beispiel für das segensreiche Wirken der „Abteilung für Wirtschaftsförderung". Die AEG bezog das erste nach 1945 in Frankfurt errichtete Hochhaus gleich neben der Friedensbrücke am südlichen Mainufer und beschäftigte in dem elfstöckigen Gebäudekomplex fast 1.000 Mitarbeiter. Bei der im April 1950 in unmittelbarer Nähe zum Ostbahnhof eröffneten Neckermann Versand KG standen ebenfalls weit über 1.000 Personen in Brot und Lohn. Oberbürgermeister Kolb hatte die dauerhafte Ansiedlung des im September 1948 von Josef Neckermann zunächst als Textilgroßhandlung gegründeten Unternehmens trotz der Schwierigkeiten des Firmeninhabers mit den ameri-

Josef Neckermann und Walter Kolb.

kanischen Militärbehörden vorbehaltlos gutgeheißen.[199] Fast die Hälfte der im Herbst 1950 im Arbeitsamtsbezirk Frankfurt vorhandenen Arbeitsplätze, nämlich 146.514 von insgesamt 300.944, stellten Industrie und Handwerk. Die andere Hälfte der Arbeitnehmer verteilte sich auf die Bereiche Handel und Verkehr (78.101), Öffentlicher Dienst und private Hilfsleistungen (60.365), häusliche Dienste (9.090) sowie Land- und Forstwirtschaft (6.874). In Frankfurt, das seit Bestehen der Bundesrepublik ohnehin zu den Städten mit der geringsten Arbeitslosigkeit gehörte, herrschte 1955 bei einer Arbeitslosenquote von 1,7 Prozent, beziehungsweise 7.088 Arbeitslosen bei 398.986 Beschäftigten, praktisch Vollbeschäftigung. Ausgelöst durch eine Umsatzsteigerung der Frankfurter Industrie von 14,7 Prozent innerhalb nur eines Jahres hatte sich die Arbeitslosenquote, die 1954 noch bei 3,2 Prozent gelegen hatte, fast halbiert.[200]

Die günstigen Daten der stark vom Handel, von der Chemie- und Elektroindustrie sowie dem Maschinenbau geprägten Frankfurter Wirtschaft waren natürlich keine singuläre Erscheinung. Das Wirtschaftswachstum hatte noch vor Gründung der Bundesrepublik eingesetzt und verzeichnete nach einer vorübergehenden Phase der Stagnation im Gefolge des weltweiten Booms, der nach dem Ausbruch des Korea-Kriegs (25. Juni 1950) einsetzte, immer neue Zuwachsraten. Hauptindikatoren des „Wirtschaftswunders" waren eine rege Bautätigkeit und ein ständig zunehmender Straßenverkehr. Frankfurt war Mitte der 50er nicht nur der bedeutendste Bank- und Börsenplatz der Bundesrepublik, sondern auch eine derjenigen Städte mit der größten Verkehrsdichte.[201] Das in München verlegte „Echo der Woche“ überschrieb eine am 1. März 1952 veröffentlichte Frankfurt-Reportage treffend mit „Ein europäisches Zentrum am Main“. Der „leidenschaftliche Europäer“ Kolb hatte großen Anteil daran, daß Frankfurt nach 1948 zu einer weltoffenen Wirtschaftsmetropole aufstieg. „Die Atmosphäre dieser Stadt ist“, stellte Kolb 1954 fest, „bei aller Liebe zur Heimat, wahrhaft international. Ihre Bürger zeichnen sich durch einen freiheitlichen, sozialen und völkerverständigenden Geist aus.“[203]

Baustelle Frankfurt

Das pulsierende Frankfurt übte insbesondere nach Aufhebung der Zuzugssperre im Frühjahr 1950 auf Heimatvertriebene und DDR-Flüchtlinge eine nachgerade magnetische Anziehungskraft aus. Bürgermeister Leiske nannte es den „Sog nach Frankfurt“. Zehn Jahre nach Kriegsende stammte jeder vierte Frankfurter aus der Gruppe der Vertriebenen oder Zonen-Flüchtlinge. Im Durchschnitt jünger als die ortsansässige Bevölkerung und überwiegend im Besitz einer qualifizierten Berufsausbildung, trugen die Zuzügler wesentlich zur Stärkung des Wirtschaftspotentials der Stadt bei. Für den Anstieg der Frankfurter Einwohnerzahl von 357.405 im Jahr 1945 über 532.037 (1950) auf 635.852 im Jahr 1955 spielte der geringe Geburtenüberschuß kaum eine Rolle. Das Bevölkerungswachstum der hessischen Metropole gründete nahezu ausschließlich auf Migration.[203] Unter dem Eindruck der rasant gestiegenen Einwohnerzahl sah Stadtverordnetenvorsteher Hermann Schaub Frankfurt schon auf dem Weg zur Millionenstadt. Wenngleich Oberbürgermeister Kolb im Dezember 1953 den 600.000sten Einwohner, die am 8. Dezember geborene Margit-Ricarda Wöber, begrüßen konnte, so hatte die Frankfurter Bevölkerung im Juli 1965 mit 694.200 Personen ihren absoluten Höchststand erreicht.[204]

Der Zuzug von im Jahresdurchschnitt 20.000 Menschen stellte enorme Anforderungen an die Stadt, die sich bis 1956 im Vergleich zum Jahr 1939 um weit über 100.000 Bürger vermehrt hatte. Die Main-Metropole mußte in den zehn Jahren nach dem Zweiten Weltkrieg gewissermaßen um eine zusätzliche Stadt von der damaligen Größe Offenbachs erweitert und mit der notwendigen Infrastruktur ausgestattet werden. Eine gewaltige Aufgabe schon allein in bezug auf die im Krieg stark in Mitleidenschaft gezogene Stadtentwässerung. Das 716 Kilometer lange Kanalnetz wies über 800 Bombenschäden auf, die Kläranlage bei Niederrad war seit einem Luftangriff im November 1944 außer Betrieb, was zu einer starken biologischen Mainverschmutzung und latenten Seuchengefahr führte. Die Ausbesserungsarbeiten

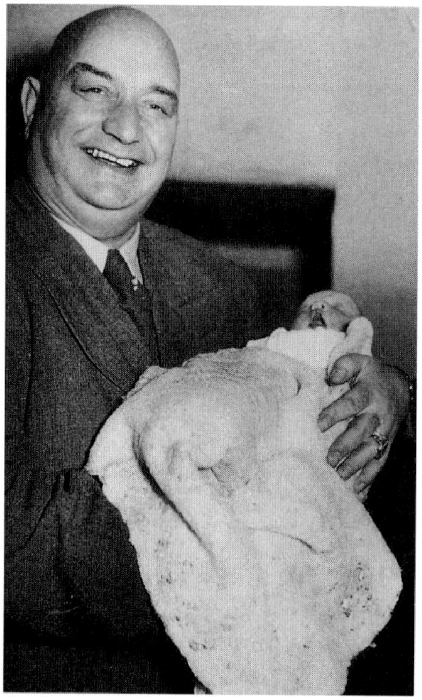

Die 600.000ste Einwohnerin Frankfurts auf dem Arm des Oberbürgermeisters. Fotografie von Philipp Kerner Dezember 1953.

beanspruchten ein volles Jahrzehnt, so daß Oberbürgermeister Kolb den Stadtverordneten erst in seiner Haushaltsrede vom 10. Februar 1955 mitteilen konnte, „daß die schweren Wunden, die der Krieg dem Frankfurter Kanalnetz geschlagen hat, weitgehend geheilt sind."[205] Zusätzlich zu den Reparaturkosten waren in dem zurückliegenden Haushaltsjahr zwei Millionen Mark in den Anschluß neuer Siedlungen an das Kanalnetz geflossen. Alles in allem verschlangen Ausbesserungsarbeiten und Neubauten der Frankfurter Stadtentwässerung zwischen 1948 und 1955 über dreißig Millionen Mark, was Walter Kolb schon im März 1952 in einer Rede vor dem Hessischen Landtag mit zu der Feststellung veranlaßt haben dürfte: „Bekanntlich liegt rund ein Drittel des materiellen Werts jeglicher Stadt unter der Erde, sei es in Form von Kabelleitungen, Wasserleitungen und Leitungen aller Art, sei es in Form von Ausschachtungen und Kelleranlagen."[206] Die ungezählten Tief- und Hochbauprojekte prägten um 1950 das Stadtbild. Frankfurt bot den Anblick einer einzigen Baustelle.[207]

Bedingt durch den überproportionalen Anstieg der Einwohnerzahl spitzte sich die seit 1945 anhaltende Wohnungsnot zu einer „Existenzfrage" Frankfurts zu. Bald nach Kriegsende hatte Oberbürgermeister Blaum „Grundsätze für die Ausführung von Wiederherstellungsarbeiten an Gebäuden" bekanntgegeben. Demnach durften alle Arbeiten mit Rücksicht auf den Mangel an Baustoffen „nur in einfachster Weise ausgeführt werden. Architektur und Ausstattung sind zunächst unwichtiger. Es kommt nur darauf an, Wohnraum zu erhalten und solchen mit einfachen Mitteln wieder zu gewinnen."[208] So konnten von 80.500 total zerstörten und 53.000 beschädigten Wohnungen (nur 44.000 hatten den Krieg unversehrt überstanden) bis 1948 immerhin rund 22.000 Wohnungen wiederhergestellt werden. Gleichwohl war für Blaums Nachfolger Kolb der soziale Wohnungsbau die Hauptaufgabe der Kommunalpolitik geblieben. In den ersten Nachkriegsjahren hätten die Menschen, führte Kolb in seiner Haushaltsrede im März 1949 aus, gleichermaßen unter Hunger und Wohnungselend gelitten. Während der Nahrungsmangel mittlerweile so gut wie überstanden sei, herrsche weiterhin große Wohnungsnot. Zur Überwindung des

Problems hatte der im Juni 1948 neu gewählte Hochbaudezernent Moritz Wolf die Gründung des Amtes für Wohnungsbauförderung und das Siedlungswesen erwirkt. Darüber hinaus verständigte sich das Hochbaudezernat mit den gemeinnützigen Wohnungsbaugesellschaften, namentlich der Aktiengesellschaft für kleine Wohnungen, der Hellerhof AG, der Nassauischen Heimstätte und der Frankfurter Aufbau AG über einen gemeinsamen Aktionsausschuß für den sozialen Wohnungsbau. Mit 3.100 wieder aufgebauten Wohnungen (von 5.967 im Krieg zerstörten oder beschädigten) bis 1949 kam der AG für kleine Wohnungen eine Führungsrolle im sozialen Wohnungsbau zu.[209]

Größere Stadtrandsiedlungen entstanden Ende der Vierziger und vor allem Anfang der Fünfziger und wurden nach Friedrich Ebert (an der Mainzer Landstraße), Carl Schurz (Miquel-Allee) oder Fritz Kissel (Mörfelder Landstraße) benannt. Für die Nassauische Heimstätte war der 49ste Geburtstag des Oberbürgermeisters ein willkommener Anlaß, einem 215 Wohnungen umfassenden Bauvorhaben an der Ecke Homburger Landstraße und Marbachweg am 22. Januar 1951 den Namen „Walter-Kolb-Siedlung" zu geben.[210] Obwohl von der Stadt über die Wohnungsbaugesellschaften bis hin zum Hausbesitzerverein und der Mieterorganisation alle an einem Strang zogen, bekam Frankfurt die Wohnungsnot partout nicht in den Griff. Frankfurt verfügte Ende 1954 mit rund 170.000 Wohnungen bis auf einen Rest von 7.500 Wohnungen wieder über den gleichen Bestand an Wohnraum wie kurz vor Kriegsbeginn. Weil aber die Einwohnerzahl im Vergleich zu 1939 um 70.000 Personen gestiegen war, fehlten an der Jahreswende 1954/55 noch immer rund 30.000 Wohnungen. Innenminister Heinrich Schneider rief während einer Feierstunde zum zehnjährigen Bestehen der Frankfurter Stadtverordnetenversammlung und des Magistrats am 6. September 1956 nicht nur die Erfolge des Wiederaufbaus, sondern auch die bittere Wohnungsnot in Erinnerung: „Noch immer leben Menschen in Bunkern, noch warten Tausende im Krieg evakuierter Bürger Frankfurts auf Rückkehr in ihre geliebte Heimatstadt, noch leben gar nicht selten mehr als 8 Menschen in einem Raum, [...] noch immer wächst täglich die Einwohnerzahl, und es gilt, neu ankommende Menschen unterzubringen, kurz, es gibt einen endlosen Katalog von dringendsten Aufgaben."[211] Unter den Kriegsfolgen erwies sich die Wohnungsnot als diejenige mit der größten Langzeitwirkung.

Mit dem Aufbau der im Bombenhagel alliierter Luftstreitkräfte untergegangenen Innenstadt ließ man sich trotz drückender Wohnungsnot Zeit. Damit es in dieser für die Zukunft des Stadtbildes so grundlegenden Angelegenheit nicht zu vorschnellen Entscheidungen kam, wurde über die Altstadt von 1945 bis 1949 eine nach Ablauf dieser Frist noch einmal um drei Jahre verlängerte Bausperre verhängt. Der Grundstein zum Aufbau des Stadtkerns wurde von Walter Kolb somit erst am 15. Mai 1952 gelegt. Der Streit darüber, ob die Altstadt *wieder* oder *neu* aufgebaut werden sollte, hatte sich 1946/47 am Umgang mit historisch besonders wertvollen Gebäuden, wie der Paulskirche oder dem Goethehaus, entzündet.[212] Das Goethe-

Das Goethehaus im Rohbau. Fotografie von Ludwig Klaas.

haus war bei dem verheerenden Luftangriff auf die Innenstadt vom 22. März 1944 ein Raub der Flammen geworden. Für den Direktor des Freien Deutschen Hochstifts und des Goethehauses, Ernst Beutler, stand der Wiederaufbau des bis auf die Grundmauern abgebrannten Geburtshauses des Dichterfürsten außer Frage. Seit Mai 1944 warb Beutler, der rechtzeitig vor dem Eintreten der Katastrophe die Auslagerung der wertvollen Sammlung des Goethemuseums veranlaßt hatte, dafür, das Gebäude anhand von Plänen, Zeichnungen und Fotografien originalgetreu wieder aufzubauen.

Als das Vorhaben an Kontur gewann, wendeten sich Ernst Beutler und, für den Verwaltungsausschuß des Hochstifts, Georg Hartmann am 10. April 1947 in einem Schreiben an Oberbürgermeister Kolb: „Am 28. August 1949, wenn sich Goethes Geburtstag zum zweihundertsten Male jährt, darf der Grosse Hirschgraben nicht mehr den heutigen Anblick haben. Das 'Freie Deutsche Hochstift', seit 1863 der Hüter und Eigner von Goethes Geburtsstätte, wünscht, dass bis dahin das Haus, das jetzt in Trümmern liegt, neu entstanden ist. Und die Bürger Frankfurts wünschen das auch." Weiter unten versicherten die beiden Gralshüter des Goethehauses dem Oberbürgermeister ausdrücklich, „dass es sich bei der Nachbildung des Goethehauses um einen Sonderfall handelt und dass damit keineswegs dem Wiederaufbau alter Strassenzüge oder Stadtviertel das Wort geredet werden soll."[213] Obwohl Beutler das Goethehaus gerne aus dem Streit um den Wiederaufbau der Altstadt herausgehalten hätte, geriet das Projekt zum Zankapfel zwischen „Traditionalisten" und „Modernisten".

Auffälligerweise kamen bis auf Walter Dirks keine prominenten Rekonstruktionsgegner direkt aus Frankfurt. Zu den Kritikern einer Nachahmung gehörten gestandene Werkbundarchitekten wie Otto Bartning oder Kunsthistoriker und Schriftsteller, so zum Beispiel der Goethepreisträger Leopold Ziegler, die das Vorhaben aus bauästhetischen und politisch-ethischen Motiven ablehnten. Am Vortag einer Magistratssitzung zum Thema Goethehaus richtete Dirks ein Schreiben an Kolb, in dem er den umstrittenen Wiederaufbau als „Lüge" und „Täuschung" verurteilte.[214] In einem „Mut zum Abschied" überschriebenen Beitrag für die von ihm gemeinsam mit Eugen Kogon herausgegebenen „Frankfurter Hefte" vertiefte Walter Dirks seine Bedenken gegen eine Kopie des Goethehauses, das schließlich nicht durch einen „Bügeleisenbrand", sondern im von Deutschland verschuldeten Zweiten Weltkrieg zerstört worden sei. Dirks plädierte nicht nur hinsichtlich des Goethehauses für einen Neuaufbau: „Wir wollen nicht die Städte unserer Großväter, sondern die unserer Kinder bauen."[215] Bei führenden Persönlichkeiten des Geisteslebens wie Hermann Hesse, Karl Jaspers oder Max Planck und bei den Spitzen der Frankfurter Bürgerkultur stießen die Wiederaufbaupläne des Hochstifts dagegen auf ungeteilte Zustimmung. Ob in Städeldirektor Ernst Holzinger, Universitätsrektor Walter Hallstein oder August de Bary als Vorsitzendem der Dr. Senckenbergischen Stiftung, in der eher emotional argumentierenden Frankfurter Bürgerschaft, die im Goethehaus ein ehernes Bildungsgut sah, fand Beutler starken Rückhalt.[216]

Der Magistrat diskutierte, ohne daß bis ins letzte geklärt war, wie weit seine Zuständigkeit als städtisches Gremium in diesem Fall eigentlich reichte, am 19. April 1947 den Wiederaufbau des Goethehauses. Die Mehrheit der Magistratsmitglieder sympathisierte mit Beutlers Plänen, die nur bei Stadtbaurat Eugen Blanck, der dem Werkbund nahestand, auf Ablehnung stießen. Gegen die Stimme des Stadtbaurats erklärte sich der Magistrat mit dem Vorschlag des Hochstifts, das Goethehaus „an alter Stelle und in alter Form" bis zum Jahr 1949 wieder aufzubauen, einverstanden.[217] Als Bauherr beauftragte das Hochstift den Poelzig-Schüler Theodor Kellner mit der Planung und das Bauunternehmen Philipp Holzmann mit der Ausführung der Goethehaus-Rekonstruktion. Die feierliche Grundsteinlegung am 5. Juli 1947 nutzte Walter Kolb, um unmißverständlich klarzustellen, daß es sich beim Goethehaus um einen Sonderfall und keineswegs um einen Präzedenzfall für den Wiederaufbau der Altstadt handelte: „Die Liebe aber, die Liebe zu unserer Heimat

Der erste Hammerschlag zum Wiederaufbau des Goethehauses am 5. Juli 1947.

soll uns niemand nehmen. Und ein Akt der Liebe und der Pietät ist es, daß wir uns heute anschicken, das Haus Goethes in seiner Nachbildung neu erstehen zu lassen. Wir können das Rad der Geschichte nicht rückwärts drehen. Wir wissen, was gewesen ist, ist gewesen. Niemand denkt daran, das alte Frankfurt wieder aufzubauen. Eine neue Zeit wird für eine neue Stadt neue Formen zu suchen und zu finden haben! Für das Haus am Hirschgraben aber gibt es keine neue Form."[218]

Die Suche nach einer neuen Form für die in Trümmern liegende Altstadt war 1947 noch nicht allzuweit gediehen. Als sich Stadtrat Miersch in derselben Magistratssitzung, die am 19. April 1947 dem Wiederaufbau des Goethehauses zustimmte, nach dem Stand der Stadtplanung erkundigte, vertröstete ihn Hochbaudezernent Blanck auf das Ergebnis des laufenden „Ideenwettbewerbs für die Neuordnung des Hauptstraßenverkehrs in Frankfurt am Main". Nachdem die Einreichungsfrist für den Wettbewerb verstrichen war, gab der Leiter des Stadtplanungsamts, Werner Hebebrand, übrigens wie Eugen Blanck ein ehemaliger Mitarbeiter des durch die Stadtrandsiedlungen (zum Beispiel: Römerstadt und Westhausen) berühmt gewordenen Architekten und Stadtbaurats von 1925 bis 1930 Ernst May, dem Magistrat am 29. Mai 1947 einen Tätigkeitsbericht. Die konzeptionelle Arbeit des Stadtplanungsamts litt nach Hebebrands Darstellung erheblich unter der großen Zahl der eingereichten Baugesuche sowie unter dem Platzmangel, der es noch nicht einmal erlaubte, in den Amtsräumen Pläne aufzuhängen geschweige denn Modelle aufzustellen. Grundsätzlich vertrat Hebebrand die bis heute umstrittene Ansicht, daß ein Wiederherstellen der Altstadt, „wie sie gewesen sei“, nicht in Frage komme.[219] Nur in groben Zügen ging der Amtsleiter auf die Vorüberlegungen zur Verkehrsplanung als Voraussetzung für die Stadtgestaltung ein, indem er über die Notwendigkeit einer Nord-Süd- und einer Ost-West-Verbindung sprach. Neue Erkenntnisse erhoffte sich der Baudirektor von den 135 eingereichten Arbeiten des Ideenwettbewerbs. Zur allgemeinen Enttäuschung vermochte keiner der Entwürfe die Erwartungen des vom 7. bis 9. Juli 1947 unter Vorsitz von Stadtbaurat Blanck tagenden Preisgerichts zu erfüllen. Die Preisrichter – Walter Kolb war Mitglied der Jury – vergaben nur einen zweiten Preis für die Arbeit der Frankfurter Architekten Schultz und Lehberger, die weiträumige Verkehrsanlagen vorsah. Angesichts scheinbar unaufhaltsam steigender Einwohnerzahlen rechneten die Stadtplaner mit der Entstehung von Trabantenstädten und einem erhöhten Verkehrsaufkommen, woraus sich ihre Präferenz für belastbare Hauptverkehrsadern ableitete.[220]

Der Oberbürgermeister redete am 30. Januar 1948 Tacheles. In einer Ansprache zum Haushalt gab Kolb vor der Stadtverordnetenversammlung seinem Unmut darüber Ausdruck, daß die Planungen für den Stadtkernbereich kaum Fortschritte machten. Das Stadtoberhaupt reagierte damit sicherlich auch auf die wachsende Kritik an der über die Altstadt verhängten Bausperre seitens der betroffenen Hausbesitzer. Gegen die Entmündigung der Hauseigentümer in der Altstadt zog Fried Lübbecke in einem „Baudiktatur oder Baudemokratie“ überschriebenen und von der „Frankfurter Rundschau“ am 5. August 1948 veröffentlichten Beitrag vom Leder. Süffisant kommentierte der „Altstadtvater“ den beruflichen Werdegang des Stadtplanungsamtsleiters: Er verübele es Hebebrand nicht, „daß er mit gleicher baulicher Leidenschaft der Weimarer Republik, dem dritten Reich, den Sowjets und nun wieder unserer Stadt dient.“[221] Alte Rechnungen begleichend, zitierte Lübbecke einen Text aus dem Jahr 1930, in dem der damalige Stadtbaurat Ernst May als „Mussolini der Architektur“ verunglimpft wurde, welcher die „Straßenschilder und die Grabsteine, die Dächer und den Geschmack, das Material und die Proportionen“ uniformiert habe.[222]

Um alles in der Welt wollte Lübbecke die Altstadt vor einem ähnlichen Schicksal bewahren. In der Hoffnung, bei dem im Juni 1948 für Eugen Blanck zum Stadtrat berufenen Moritz Wolf mehr Gehör zu finden, faßte Lübbecke in einem an den Hochbaudezernenten gerichteten Schreiben vom 22. September 1948 den Standpunkt des „Bundes tätiger Altstadtfreunde“ noch einmal zusammen: „Wir wünschen und fordern, daß das alte Straßennetz im Großen und Ganzen erhalten bleibe, und daß man den durchgehenden Autoverkehr um diesen räumlich sehr kleinen Altstadtkern mit den stillen Bezirken seiner Kirchen und Klöster herumleite. Bei der

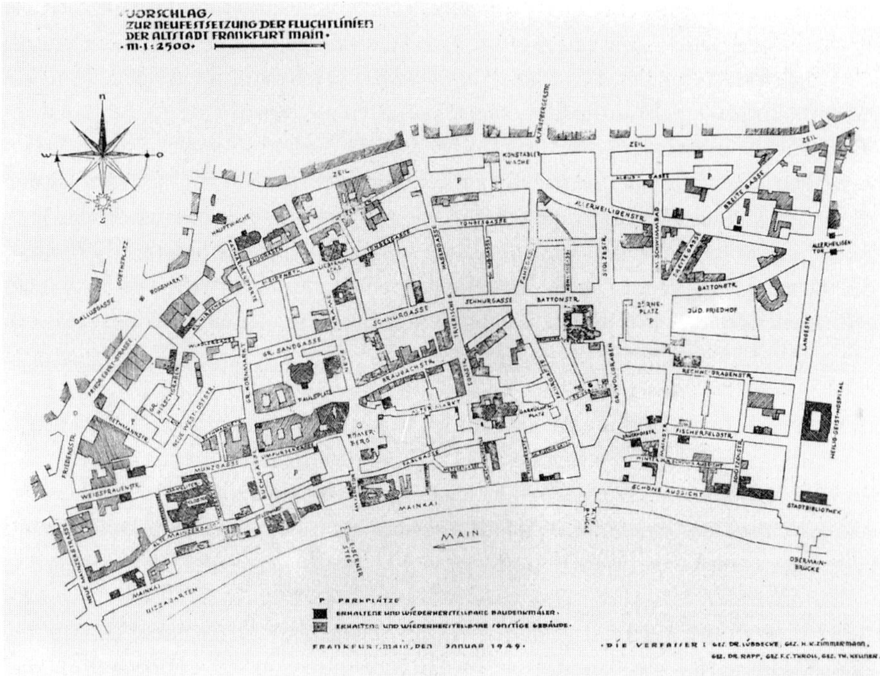

Der Vorschlag der Altstadtfreunde für die Neufestsetzung der Fluchtlinien, Januar 1949.

Bebauung der Straße bleibe die Unterteilung der Grundstücke möglichst gewahrt, [...] Im übrigen lasse man dem Einzelwillen, auch der Eigenwilligkeit der Bauherren und ihrer Architekten freien Lauf und verhindere nur offensichtliche Verstöße gegen die Bauordnung und den guten Geschmack. Wir vertrauen auf das Können der heutigen Baumeister, wenn man sie frei gestalten läßt, und nehmen selbst einige Fehler gegenüber einer amtlich normierten Bauweise gerne mit in den Kauf."[223]

Der neue Hochbaudezernent schien dem Anliegen der Altstadtfreunde tatsächlich aufgeschlossener gegenüberzustehen als sein Vorgänger und sorgte in der Aufbaukommission des Magistrats dafür, das dem von Lübbecke geleiteten Bund zur Ausarbeitung von Plan- und Modellskizzen ein Betrag von 5.000 Mark zur Verfügung gestellt wurde. Lübbecke zögerte nicht und machte sich im Oktober 1948 mit Unterstützung der Architekten Theodor Kellner und Franz C. Throll sowie des Leiters der Frankfurter Außenstelle des Hessischen Landeskonservators, H. K. Zimmermann, und des Museumsdirektors Albert Rapp ans Werk. Der am 1. März 1949 Oberbürgermeister Kolb überreichte Plan des Altstadtbundes folgte unter größtmöglicher Schonung der erhaltenen Bausubstanz dem um extrem enge Seitengassen bereinigten jahrhundertealten Straßennetz. Während die Altstadt nur für den Anliegerverkehr freigegeben wurde, sollte der Ost-West-Durchgangsverkehr über die verbreiterte Sand- und Schnurgasse und der Verkehr in nördlicher beziehungsweise südlicher Richtung vom Börneplatz über den ausgebauten Wollgraben zur Alten Brücke geleitet werden. Der Vorschlag der Altstadtfreunde wurde von den Vertretern der Stadtverwaltung – Kolb war in Begleitung der Magistratsmitglieder Leiske, Wolf und Miersch sowie der Stadtbaudirektoren Herbert Böhm und Otto Fischer erschienen – abgeschmettert. Verbittert erinnerte sich Lübbecke später, daß die „Herren der Stadtverwaltung" die in wirtschaftliche Schwierigkeiten geratenen Hausbesitzer von vornherein als Träger des Wiederaufbaus abgeschrieben und den einheitlichen Aufbau der Altstadt in ihre eigene Kompetenz gezogen hätten. Darüber hinaus beklagte der „Altstadtvater", daß die Verwaltung „das kostbare Gebiet zwischen Goethehaus, Römer und Dom wie ein gleichgültiges, frisch erschlossenes Baugelände irgendwo draußen im Weichbild der Stadt"[224] behandelte.

In der Kontroverse um die Zukunft der Altstadt hielt sich Oberbürgermeister Kolb im Hintergrund. Als zuständige Stadträte mußten Blanck und Miersch als Zielscheiben für Lübbeckes Kritik herhalten. Die Entgleisung Lübbeckes, als dieser bei der ersten Versammlung des „Heimatbundes Frankfurt e. V.", einem Zusammenschluß von Hausbesitzern, Maklern und Altstadtfreunden, im November 1949 erregt ausrief: „Ich spreche denen, die nicht in Frankfurt gelebt haben, das Recht ab, zu sagen: so und so wird gebaut"[225], zielte natürlich auch auf die Person des erst vor drei Jahren aus Düsseldorf übergesiedelten Stadtoberhaupts. Der spontane Einwurf legte den im Streit um die Altstadt unterschwellig immer vorhandenen Konflikt zwischen Alteingesessenen und Neubürgern offen.

Auf der Suche nach einer einvernehmlichen Lösung stellte die Stadt den Plan der Altstadtfreunde sowie die auf der Grundlage des im November 1948 verabschiedeten „Generalfluchtlinienplans der Innenstadt" erstellten Entwürfe des Stadtplanungsamts und einer Arbeitsgemeinschaft freier Architekten im Oktober 1949 in den Römerhallen aus. Wenngleich in einigen strittigen Fragen Konsens hergestellt werden konnte, kam es, was den Aufbau des Altstadtkerns im Gebiet zwischen Römerberg, Braubachstraße, Fahrgasse und Mainkai betraf, zu keiner Annäherung. Die Stadtverwaltung schrieb daher am 27. März 1950 einen „Ideenwettbewerb zur Erlangung von Vorschlägen für den Aufbau des Altstadtkernes zwischen Römer und Dom" aus. Von dem späteren Frankfurter Baudezernenten Hans Kampffmeyer formuliert, mußte der Ausschreibungstext dem „Bund tätiger Altstadtfreunde" wie ein Schlag ins Gesicht vorkommen. Die Beschreibung der Wettbewerbsaufgabe begann mit einer Absage an den Wiederaufbau: „Alle Hoffnungen, soweit sie in der Diskussion um die neue Altstadt laut geworden sind, dem Wiederaufbau dieses Gebietes die frühere soziologische Struktur zu unterlegen, das Straßennetz ziemlich unverändert und auch den Grundstücksschnitt mit nur bescheidenen Korrekturen beibehalten zu können, haben sich als Illusion erwiesen."[226] Der Altstadtkern sollte sich nach den Vorstellungen des Hochbauamts als kulturelles „Herz" der Innenstadt von der hektischen City abheben. Vorgesehen war ein „aufeinander bezo-

Stadtplanung im Frühjahr 1948.

gener Organismus" von Wohnbauten, Gastronomie, Ateliers sowie Kunst- und Buchhandlungen. „Zum eigenen Stil dieses Viertels wird es auch gehören, daß es weniger durch den Motor als durch den Fußgänger bestimmt werden wird."[227] Zum Einsendeschluß am 28. Juni 1950 lagen dem Stadtplanungsamt 71 Arbeiten vor. Die unter Vorsitz von Stadtbaurat Wolf und ohne Beteiligung des Oberbürgermeisters tagende Jury vergab am 17. Juli 1950 drei gleiche Preise an Wilhelm Massing, Ferdinand Wagner und das Team Werner Dierschke/Baurat Dahms. Obgleich weitere Wettbewerbe zur Gestaltung des Römerbergs folgten und die Gesamtkonzeption für den Aufbau der Innenstadt zügig weiterentwickelt wurde, blieb der Altstadtkern zwischen Römer und Dom bis weit in die 60er Jahre hinein eine offene Wunde im Stadtbild.[228]

Um das Herzstück der Altstadt herum begann am 15. Mai 1952 zwischen Zeil und Mainufer der Neuaufbau der Innenstadt. Das Bauvorhaben wurde von der 1947 aus der Frankenallee AG hervorgegangenen städtischen Frankfurter Aufbau AG (FAAG) getragen. Den Vorsitz im FAAG-Aufsichtsrat bekleidete kein geringerer als Walter Kolb. Für den Erwerb oder die Enteignung der noch nicht im Besitz der Stadt befindlichen Grundstücke bot das am 25. Oktober 1948 erlassene Hessische

Aufbaugesetz die rechtliche Handhabe. Obzwar den Eigentümern ein Rückkaufsrecht garantiert wurde, blieben Klagen vor dem Verwaltungsgericht nicht aus. Beim Neuaufbau wurde manch erhaltungswürdiges Baudenkmal ein Opfer der veränderten Fluchtlinien. So mußten zum Beispiel die Ruinen der Weißfrauenkirche der Ost-West-Achse (Berliner Straße) und die Überreste des Arnsburger und des Kompostellhofs der neuen Nord-Süd-Achse (Kurt-Schumacher-Straße) weichen. Selten hat Oberbürgermeister Kolb so ausführlich und dezidiert zu dem mit Verlusten an historischer Bausubstanz einhergegangenen Neuaufbau der Altstadt Stellung bezogen wie in dem an den Staatssekretär im Auswärtigen Amt, Walter Hallstein, gerichteten Schreiben vom 22. Juli 1953:

„Es konnte nicht ausbleiben, dass bei der Diskussion um dieses Problem sich ideologisch scharf voneinander abgesetzte Parteien gebildet haben, die mit z. T. heftiger Polemik gegeneinander zu Felde gezogen sind, wobei oft die Dinge so überspitzt wurden, dass der unbefangene Aussenstehende fast den Eindruck gewinnen musste, dass nicht unsere Gegner im zweiten Weltkrieg, sondern die 'Neuerer' Frankfurt zerstört hätten. Der vergangene Krieg hat gerade im Altstadtgebiet riesige Lücken gerissen, welche aber dem Städtebauer die einmalige Chance einer grosszügigen Neukonzeption gegeben haben. Es wäre durchaus verfehlt gewesen, diese einmalige Chance wegen einiger nur zufällig verschont gebliebener Bauwerke aus alter Zeit, die übrigens in keinem Falle in die Reihe kunsthistorisch bedeutender Baudenkmäler gehören, zu verpassen. Wirkliche Baudenkmäler von Rang sind im

Grundsteinlegung für die Bebauung der im Krieg zerstörten Altstadt am 15. Mai 1952. Das gemeinnützig ausgerichtete Vorhaben wurde als „Frankfurter Lösung" bezeichnet.

Luftaufnahme des im Aufbau begriffenen Stadtkerns. Aero-Lux Mai 1955.

Gegenteil zum Mittelpunkt einer neuen Gestaltung gemacht worden und aus der tödlichen Umklammerung belangloser Baublocks bewusst befreit worden. Die bei der Stadtverwaltung mit der Lösung dieser Probleme verantwortlich befassten Personen sind ausnahmslos gute Kenner und Freunde der Werke historischer Baukunst. Nur sind sie nicht gewohnt, diese als rein museale Stücke zu betrachten, sondern als Glieder einer Kette, die vom grauen Altertum bis in die Gegenwart hinaufreicht, und an deren letzten Gliedern sie ebenfalls mitgestalten. Diese wahrhaft lebendige Verbundenheit autorisiert diese Männer, in voller Verantwortung dort Opfer zu fordern, wo Opfer verlangt werden müssen. Ein Mensch, der nur mit Masstäben der Ästhetik an die Massnahmen des neuzeitlichen Städtebaues herangehen will, wird angesichts der Fülle der Gesichtspunkte, die der praktische Städtebauer zu beachten hat, immer zu falschen Wertungen kommen."[229]

Kolb wurde nicht müde, den Neuaufbau der Altstadt gegenüber Kritikern als „glückliche Synthese zwischen Altem und Neuem" zu verteidigen.[230] Während die KPD auf Flugblättern vor der Amerikanisierung des Frankfurter Stadtbildes warnte und die Stahlbetonkonstruktion des AEG-Hochhauses als ein „typisches Beispiel amerikanischen Ausbeutertums" verteufelte, bedauerten die Altstadtfreunde den Verlust des Besonderen. Die Alt-Frankfurter konnten dem austauschbaren

Allerweltsgesicht der neuen Innenstadt nichts abgewinnen. Von einigen rühmlichen Ausnahmen, wie dem heute bereits unter Denkmalschutz stehenden Bundesrechnungshof, einmal abgesehen, verglichen die bürgerlichen Kritiker die Attraktivität der City mit der einer in die Altstadt verpflanzten Stadtrandsiedlung.[231]

Einen weiteren Ansatzpunkt der Kritik bildeten die überdimensionierten Verkehrsschneisen in Ost-West- und Nord-Süd-Richtung, die der Tiefbaudezernent Adolf Miersch zu verantworten hatte. Als Technokrat hatte Miersch – Spitzname: Napoleon der Fluchtlinie – vor allem die drohende Verkehrslawine im Blick. Für den Bestand des Geschäftsviertels im Zentrum hielt Miersch einen „flotten Verkehr" und „Wagenabstellplätze" in ausreichender Zahl für unabdingbar. Die „Grüne Welle" und breite Hauptverkehrsstraßen – „Drei Fahrbahnen ist das mindeste", so Miersch 1952 – sollten einen reibungslosen Verkehrsfluß garantieren.[232] Oberstes Ziel der kommunalen Verkehrspolitik war die autogerechte Stadt.[233] Unter dieser Prämisse konnte Kolb sogar die 1953 für den Verkehr freigegebene vierspurige Ost-West-Achse „An der Paulskirche" (seit 1955: Berliner Straße) zur neuen „Prachtstraße" Frankfurts hochstilisieren. Der Zufall wollte es, daß auch Kolbs letzte öffentliche Amtshandlung als Oberbürgermeister kurz vor seinem Tod im Zeichen der Verkehrsproblematik stand: Von seiner Krankheit schwer gezeichnet, eröffnete Kolb am 18. September 1956 das erste Frankfurter Parkhaus an der Hauptwache.[234]

Frankfurt hatte sich den Richtlinien des modernen Städtebaus verschrieben. An den Ufern des Mains entstand vielleicht *die* Stadt der fünfziger Jahre. Der Bau- und Planungsdezernent Hans Kampffmeyer erinnerte sich 1965, daß, wer Anfang der Fünfziger studieren wollte, „auf welchen Wegen sich Architektur und Stadtplanung in Deutschland bewegten"[235], nach Frankfurt kam. Von der „Frankfurter Neuen Presse" wurde die Stadt im November 1954 bereits in die Nähe eines „neuzeitlichen Mekka" für Architekten, Stadtplaner sowie Siedlungs- und Sozialpolitiker gerückt. Zur Kontorverse um den Wieder- oder Neuaufbau der Altstadt merkte die „Neue Presse" in derselben Ausgabe lediglich an: „Aber solch ästhetischer Streit ist bedeutungslos hinter der praktischen Leistung des Wiederaufbaus, mit der Frankfurt anderen Städten weit voraus ist."[236] Daß die Stadt den „Sprung in die Moderne" mit einem empfindlichen Identitätsverlust bezahlte, steht auf einem anderen Blatt. In Anbetracht der kriegszerstörten Stadt und der herrschenden Wohnungsnot gab es für die Stadtregierung nach den Worten Walter Kolbs nur eins: „Wir haben gebaut, gebaut und noch einmal gebaut."[237]

Genosse Kolb

Oberbürgermeister Kolb saß fest im Sattel. Selbst nachdem die SPD im April 1948 die absolute Mehrheit im Stadtparlament verloren hatte, blieb Kolb als Kandidat der mit Abstand stärksten Partei unangefochten im Amt. Der zweite Kommunalwahlkampf nach Kriegsende kam erst im März 1948 so richtig in Fahrt. Vor einer SPD-Versammlung gab der Vorsitzende der sozialdemokratischen Fraktion im Stadtparlament, Hermann Schaub, Rechenschaft über die kommunalpolitische Arbeit in der zurückliegenden Wahlperiode. Ein leichtes für Schaub, brauchte er doch nur auf die in allen Lebensbereichen spürbaren Verbesserungen gegenüber der unmittelbaren Nachkriegszeit zu verweisen. Schaubs Fazit: Frankfurt ist die „bedeutendste Stadt des deutschen Westens", und wenn es bereits wieder „Weltruf" genieße, so sei dies ein Verdienst des Oberbürgermeisters.[238]

In der Hitze des Wahlkampfs kam es zu einer ernsten Belastungsprobe für die große Koalition von SPD und CDU. Der sozialdemokratische Personaldezernent Rudolf Menzer brachte in der Magistratssitzung vom 5. April 1948 eine zwei Tage zuvor in der „Frankfurter Rundschau" veröffentlichte Wahlanzeige zur Sprache, in der die Christdemokraten seine Amtsführung massiv angegriffen hatten. „Wir fordern die Beseitigung", zitierte Menzer aus der umstrittenen Wahlwerbung, „einer rein sozialistischen Personalpolitik in Frankfurt. Nicht das Parteibuch, sondern fachliche Qualifikation und charakterliche Haltung sollen ausschlaggebend sein bei der Stellenbesetzung in der Stadtverwaltung."[239] Menzer wies die gegen ihn erhobenen Vorwürfe zurück und sah den „Burgfrieden" zwischen SPD und CDU bedroht. Da Kolb die Verärgerung Menzers teilte, distanzierte sich der christdemokratische Bürgermeister Helfrich vom Vorgehen seiner Partei und versprach Wiedergutmachung.

In der Verurteilung der kommunistischen Wahlpropaganda waren sich Sozial- und Christdemokraten einig. Kolb wetterte noch am Tag vor dem Urnengang im Magistrat über die „unfairen und unanständigen" Methoden der KPD.[240] Daß der Oberbürgermeister auf die Frankfurter Kommunisten um Emil Carlebach, gelinde gesagt, nicht besonders gut zu sprechen war, hatte Kolb schon in einer Unterredung mit dem Politischen Berater der Vereinigten Staaten für Deutschland, Robert D. Murphy, im August 1947 zu verstehen gegeben. Von Murphy nach kommunistischen Tendenzen in der unter anderem von Carlebach herausgegebenen „Frankfurter Rundschau" befragt, hatte Kolb diese bestätigt und obendrein hinzugefügt, „dass es ihm als ein Segen erschiene, wenn einer der massgebenden Redakteure der 'Frankfurter Rundschau' in die Ostzone ginge."[241]

Der am Vorabend der Kommunalwahl veröffentlichte Appell des Oberbürgermeisters, vom Stimmrecht Gebrauch zu machen, zeitigte nur begrenzten Erfolg. Von insgesamt 341.432 Wahlberechtigten gingen am 25. April 1948 231.226 zur Wahl,

Aus: Volksstimme. Mitteilungsblatt der SPD Hessen, vom 16. April 1948.

was einer Beteiligung von 67,7 Prozent entsprach (1946 = 71,1 Prozent). Laut offiziellem Endergebnis erreichte die SPD 36,8, die CDU 26,1, die LDP 23,6 und die KPD 11,4 Prozent der Stimmen. Während die SPD im Vergleich zur Kommunalwahl

In fünf Jahren . . .

. . . wird Frankfurt ein wesentlich anderes Gesicht haben —, erklärte Oberbürgermeister Dr. Walter Kolb bei seinem Amtsantritt 1946. Die fünf Jahre sind herum. Hat er Wort gehalten?

In Frankfurt wurden gebaut:

31500 Wohnungen
602 neue Klassenräume
1020 Betten in neuen Krankenhäusern

In Frankfurt steigerten sich:

die Zahl der Einwohner von 397 000 auf 565 000
die Zahl der Arbeitsplätze von 175 200 auf 246 800
der Index des Umsatzes von 45 auf 190.

In Frankfurt gab es:

3 Prozent Arbeitslose (Bundesdurchschnitt 11 Prozent),
nur 1,7 Prozent Fürsorgeunterstützte (1948: 7000, 1952: 4500).

Frankfurt wurde wieder:

Weltbekannter Handelsplatz
Internationale Messestadt
Luftverkehrszentrum der Bundesrepublik

Unser Oberbürgermeister hat Wort gehalten, denn er ist Sozialdemokrat!

Liste 1 - Sozialdemokraten

U.-D., 100 000, 4. 52

Walter Kolb-Siedlung

Wiederaufbau der Frauenklinik

Sonnige neue Schulräume

Moderne Krankenstation

Vergleichen Sie selbst!

Im Kommunalwahlkampf 1952 verteiltes Flugblatt der Frankfurter SPD.

von 1946 Stimmenverluste in Höhe von 4,2 und die CDU von erdrutschartigen neun Prozent zu verkraften hatte, war die LDP, die ihren Stimmenanteil exakt verdoppeln konnte, der eigentliche Wahlsieger. Da es seit dem neuen Gemeindewahlgesetz vom 11. Februar 1948 nur noch eine Fünf-Prozent-Hürde zu überwinden galt, zogen nach dem 25. April 1948 neben den Liberalen auch die Kommunisten ins Stadtparlament ein. Bei der Magistratswahl am 17. Juni 1948 wurde Oberbürgermeister Kolb für weitere sechs Jahre im Amt bestätigt. Als dritte Kraft war die LDP mit den drei hauptamtlichen Stadträten Adolf Miersch (Tiefbau), Moritz Wolf (Hochbau) und Peter Müller (Kultur) im Magistrat angemessen vertreten. Auch wenn den Kommunisten nur ein ehrenamtlicher Stadtrat (Georg Schenk) zugebilligt wurde, bleibt festzuhalten, daß in Frankfurt seit 1948 ein Allparteienmagistrat regierte.[242]

Apropos Kulturpolitik: Der Fraktionsvorsitzende Schaub hatte den Bereich der Kultur in seinem Rechenschaftsbericht vom März 1948 mit der Bemerkung abgehakt, daß die SPD keineswegs „kulturfeindlich" sei, zur Zeit aber verständlicherweise der Bau von Wohnungen vor dem Wiederaufbau der im Krieg zerstörten Theater Priorität habe.[243] Wie die Sportler wagten auch die Künstler, kaum daß der Krieg vorbei war, dennoch den Neubeginn. In der Spielzeit 1945/46, um bei dem Beispiel der Städtischen Bühnen zu bleiben, wurde im Börsensaal und im Kleinen Komödienhaus, einer umgebauten Turnhalle in Sachsenhausen, auf zwei Behelfssowie auf einer Freilichtbühne im Hof des Karmeliterklosters gespielt.[244] Als nach Kürzung der Haushaltsmittel für Oper und Schauspiel von 2,6 Millionen Reichsmark auf zwei Millionen Deutsche Mark und der Verschiebung des Theaterneubaus die Kritik am „amusischen Magistrat" überhand nahm, trat Bürgermeister Leiske dem Pauschalurteil in einem am 30. März 1949 in der „Mittwoch-Gesellschaft" (spätere Rotary-Klub) gehaltenen Vortrag zur Frankfurter Kulturpolitik entgegen. Leiske versicherte: „Niemand in den beiden städtischen Körperschaften, von dem Oberbürgermeister bis zum letzten Stadtrat, von dem Stadtverordneten-Vorsteher bis zum letzten Stadtverordneten, denkt an die Schließung von Oper oder Schauspiel."[245] Der Aufbau des „Großen Hauses" an der Stelle des alten Schauspielhauses wurde noch 1949 beschlossen. Einen Tag vor Heiligabend wurde das neue Domiziel für Oper und Schauspiel 1951 mit Richard Wagners „Meistersinger von Nürnberg" eröffnet.[246] Gegen Ende der Ära Kolb verzeichnete Frankfurt den im Verhältnis zur Einwohnerzahl höchsten Kulturetat einer bundesdeutschen Großstadt. Selbst der Stadtkämmerer rechnete das kulturelle Angebot zu den „weichen" Standortfaktoren: „Die Existenz einer Wirtschaftsmetropole ist undenkbar ohne ein starkes geistiges und kulturelles Eigenleben!"[247]

Den erfolgreichen Wiederaufbau der Stadt verbanden die meisten Frankfurter mit der sozialdemokratischen Kommunalpolitik und dem populären Oberbürgermeister, keine andere Partei stieg in den fünfziger Jahren so deutlich in der Wählergunst wie die SPD. Bei der Kommunalwahl am 4. Mai 1952 konnte die SPD

Walter Kolb nach der Stimmabgabe am 4. Mai 1952.

das Ergebnis von 1948 um fast zehn Prozent auf 45,5 Prozent verbessern. Die Christdemokraten erlitten dagegen ein Debakel und erzielten mit nur 20,8 Prozent das schlechteste Resultat auf kommunaler Ebene in der Geschichte der Frankfurter CDU nach 1945. Oberbürgermeister Kolb wurde bei der Magistratswahl am 18. März 1954 für weitere zwölf Jahre wiedergewählt.[248]

Walter Kolbs Kandidatur für die hessische Landtagswahl am 19. November 1950 rief nicht nur in den Gremien der SPD Stirnrunzeln hervor. Blieb neben der starken Arbeitsbelastung als Oberbürgermeister und den zahlreichen Nebenämtern, die Kolb bekleidete, überhaupt noch Zeit zur Wahrnehmung eines Landtagsmandats? Nach eingehenden Beratungen nominierte die SPD Hessen-Süd Kolb als Kandidaten im Wahlkreis 35 (Frankfurt-Höchst). Ein von Kolb im Wahlkampf verbreitetes Flugblatt begründete die Entscheidung zur Kandidatur: „Zahlreiche Mitbürger hatten mich darum gebeten, daß ich im hessischen Landtag die Interessen der Stadt Frankfurt und darüber hinaus die Wünsche der breiten Masse unseres Volkes wirksam vertreten könne. Ich wollte diese Bitte nicht abschlagen, weil ich mein ganzes

Leben lang für die Besserung der Lebensverhältnisse der arbeitenden Menschen gekämpft habe."[249] Darüber, ob mit dieser etwas dürftig anmutenden Erklärung nicht andere Motive verschleiert werden sollten, kann heute nur noch spekuliert werden.

Der Landtagswahlkampf ging in die entscheidende Phase, als die von der „Vereinigung der Verfolgten des Naziregimes" (VVN) herausgegebene Wochenzeitung „Die Tat" in der Ausgabe vom 21. Oktober 1950 einen Brief Walter Kolbs an die Bonner Stadtverwaltung vom 22. Februar 1941 abdruckte. In dem aus den Akten der Stadt Bonn entwendeten Originalschreiben ging es um jüdische Mieter im Haus Koblenzer Straße 74, das Kolb 1939 von einer gewissen Frau Steinfeld für 40.000 Reichsmark erworben hatte. Dem Brief des damaligen Verwaltungsrechtsrats war zu entnehmen, daß Kolb sich kurz nach dem Kauf der Liegenschaft vergeblich bei der Stadt danach erkundigt hatte, wie er die jüdische Mietpartei aus dem ansonsten von „Ariern" bewohnten Haus „loswerden" könnte. Den Auszug der „Arier" befürchtend, erhob Kolb im Februar 1941 Einspruch gegen die geplante Zuweisung weiterer jüdischer Mieter in das Haus Koblenzer Straße 74. In einem Kommentar verurteilte die VVN-Redaktion Kolb als „unverschämten Nazi-Hausbesitzer."[250]

Walter Kolb – ein verkappter Antisemit? Da die kommunistischen Drahtzieher der Kampagne keine Ruhe gaben, nahm der Oberbürgermeister und Landtagskandidat Kolb am 1. November 1950 zu den Vorwürfen in einer schriftlichen Erklärung Stellung. Das Haus Koblenzer Straße 74 habe er 1939 keineswegs zur eigenen Bereicherung, sondern zu einem weit über dem Einheitswert liegenden Preis erworben, um der jüdischen Witwe Steinfeld die Auswanderung zu ermöglichen. Zu dem Vorgehen gegen die jüdischen Mieter hätten ihn die „arischen" Hausbewohner gezwungen. Eben erst aus Gestapohaft entlassen, konnte er gegenüber den „Ariern" kein Risiko eingehen. Kolb hatte sich nichts vorzuwerfen: „Im übrigen muss man sich in meine damalige Lage hineinversetzen. Von 1933 war ich fortgesetzter Ueberwachung, Vernehmung und Verfolgung ausgesetzt [...] und musste bei notwendigem Schriftwechsel an Behörden mich tarnen. In Wirklichkeit haben meine Frau und ich unter grösster Lebensgefahr Dutzenden jüdischer Bekannter weitgehend Hilfe geleistet, was jederzeit erhärtet werden kann."[251] Der in New York lebende ehemalige Vorsitzende der Jüdischen Gemeinde Bonns, Arthur Samuel, verbürgte sich 1950 für Kolb, der verfolgten und in Not geratenen Juden stets zur Seite gestanden habe.[252] Daß Kolb die nach 1933 vor den Nazis ins Ausland geflohenen Juden in seiner am 1. Januar 1947 von Radio Frankfurt gesendeten Neujahrsbotschaft zur Rückkehr in ihre alte Heimatstadt eingeladen hatte, unterstrich die Integrität des Oberbürgermeisters. Die Höchster fielen auf das Manöver der KPD nicht herein und wählten Kolb am 19. November 1950 in den Hessischen Landtag.[253]

Nach Ablauf der Legislaturperiode konnte Kolb sein Mandat in der Landtagswahl am 28. November 1954 erfolgreich verteidigen. Die Kontroverse um die Wiederbewaffnung der Bundesrepublik spielte, da sie die Gemüter wie kein anderes Thema bewegte, auch in den Landtagswahlkampf hinein. Kolb lehnte die

Das Ehepaar Kolb bei der Stimmabgabe für die Landtagswahl am 28. November 1954. Fotografie United Press.

Wiederbewaffnung in erster Linie aus finanziellen Gründen ab, ihm war der Bau von Wohnungen wichtiger als der von Kasernen.[254] Mit einem kurzen, nur drei Sätze langen Brief an Bundeswirtschaftsminister Ludwig Erhard stellte Kolb im Landtagswahlkampf 1954 eindrucksvoll unter Beweis, daß ihm selbst in dieser angespannten Situation jegliches Freund-Feind-Denken fremd war. Der Frankfurter Oberbürgermeister grüßte den Bundesminister am 3. November 1954 mit den Zeilen: „Zufällig erfahre ich, dass Sie in meinem Wahlkreis – Wahlkreis 35 Frankfurt am Main-Höchst – zur Hessischen Landtagswahl am kommenden Samstagabend für die CDU sprechen werden. Wenn wir in unserem Volk so politisch entwickelte Sitten hätten wie in England, würde ich persönlich in Ihrer Versammlung anwesend sein und Sie unbeschadet unserer verschiedenen Auffassung begrüssen. Da wir in Deutschland leider noch nicht so weit sind, bleibt mir als Oberbürgermeister und Abgeordneten bezw. Kandidaten jenes Wahlkreises nur übrig, Sie auf diese Weise willkommen zu heissen und daraufhin Ausdruck zu geben, dass Ihnen eine gute Wahlversammlung beschieden sei."[255]

Während das Rednerverzeichnis des Hessischen Landtags für die II. Wahlperiode vom 1. Dezember 1950 bis 30. November 1954 den Abgeordneten Kolb zu Fragen der Trümmerbeseitigung, der Gemeindeordnung, der Verkehrspolitik oder der Universität auflistet, taucht der Name Kolbs im Verzeichnis für die III. Wahlperiode nicht ein einziges Mal auf. Arbeitsüberlastung und beginnende Krankheit forderten ihren Tribut. Als Nachrücker für den am 20. September 1956 verstorbenen Abgeordneten Kolb kam der spätere Frankfurter Oberbürgermeister von 1972 bis 1977, Rudi Arndt, in den Hessischen Landtag.[256] Der religiöse Sozialist Kolb war, ohne daß er seine politische Heimat leugnete, der ideale Kopf des Frankfurter Allparteienmagistrats. Kolb polarisierte nicht und half mit, die SPD in Hessens größter Stadt zur führenden politischen Kraft aufzubauen. Die Wochenzeitung „DIE ZEIT" porträtierte das Frankfurter Stadtoberhaupt in der Ausgabe vom 22. April 1954 zutreffend: „Den Sozialdemokraten Kolb nimmt kaum jemand zur Kenntnis. Auch dies ist ein Zeichen seiner Popularität, die nicht zuletzt auf einer Neigung zu überparteilichen Betätigungen beruht."[257]

Krankheit und Tod

Unter den beliebtesten Oberbürgermeistern der Bundesrepublik rangierte Walter Kolb anfangs der Fünfziger dicht hinter dem Regierenden Bürgermeister von Berlin, Ernst Reuter, an zweiter Stelle. Reuter starb am 29. September 1953. Für die Frankfurter war Kolb freilich schon vorher die unumstrittene Nummer eins. Als eine große Frankfurter Tageszeitung ihre Leser auf dem Wege eines Preisausschreibens nach dem populärsten Bürger der Stadt befragte, wurde der Name Kolb bei weitem am häufigsten genannt. Auf die Nachfrage hin, woher denn die große Popularität rührte, gaben die meisten weder den Wohnungsbau noch die Parteizugehörigkeit zur Antwort, sondern Kolbs Volkstümlichkeit: „[...] weil er ein Mensch ist wie du und ich, der gern einen guten Schoppen trinkt, ein Mädchen küßt und einen Witz versteht."[258]

Was Wunder, daß sich um die Person des Oberbürgermeisters zahlreiche Anekdoten ranken. So handelte sich Kolb bei der feierlichen Eröffnung der Frankfurter Frühjahrsmesse 1953 in der Aula der Universität einen öffentlichen Tadel von Theodor Heuss ein, weil er während der Ansprache des Bundespräsidenten ständig mit seinem Nachbarn, dem hessischen Ministerpräsidenten Georg August Zinn, tuschelte. Heuss hatte die Lacher auf seiner Seite, als er die beiden vom Rednerpult aus zur Räson brachte, indem er rief: „Ja mei' lieber Kolb, wenn Sie net aufhöre, kann i net weiterrede."[259] Der Frankfurter Journalist Richard Kirn berichtete in einem Nachruf auf den Oberbürgermeister über eine andere Episode, die sich so, oder so ähnlich, an einem Weihnachtsabend in Kolbs Wohnung zugetragen haben soll: Als

Der Oberbürgermeister als Hahn im Korb.

ein obdachloser Bettler bei Kolb anklopfte und um ein Almosen bat, nahm ihn der Hausherr mit in die Küche, schnitt dem verdutzten Mann ein großes Stück von der Weihnachtsgans ab und fügte hinzu: „Sag' es sonst keinem, Kamerad, sonst bleibt für mich nichts mehr übrig."[260] Volkstümlichkeit wächst, wie es Wilhelm von Sternburg in einer Kurzbiographie über Kolb einmal formulierte, auf tieferem Boden. Spontane Hilfsbereitschaft und ein offenes Ohr für die Sorgen der Bürger zeichneten den Oberbürgermeister aus. Der Macher, der fast in jeder Rede auf die Menschen, die „guten Willens sind", zu sprechen kam, war im Innersten Humanist. Von einem Redakteur der „Frankfurter Rundschau" nach seinem Berufsethos befragt, antwortete Kolb im Juni 1948: „Ich lehne das farblose Berufsbeamtentum ab; hinter ihm verbirgt sich meist Charakterlosigkeit. Wir brauchen im Volksstaat einen neuen Typ des Beamten, nämlich den sauberen, fachlich hochqualifizierten und im Volk als Bürger zu Bürger stehenden Menschen."[261]

Kolb war das, was man heute einen Workaholic nennt. Anläßlich des zehnjährigen Bestehens der Wochenzeitung „DIE ZEIT" am 23. Februar 1956 bat die Redaktion im öffentlichen Leben stehende Persönlichkeiten um eine kurze Stellungnahme zu der Frage: „Was ist DIE ZEIT?" Kolbs Antwort an Marion Gräfin Dönhoff wirft zugleich ein Schlaglicht auf die große Arbeitsbelastung des Frankfurter Oberbürgermeisters: „Hätte ich Zeit für Die Zeit – läse ich sie von A bis Z! Aber leider bin ich Zeitgenosse – behaftet mit dem Uebel der Zeit: keine Zeit zu haben. So muss ich Die Zeit durcheilen – aber immer mit Freude und Gewinn. Und wenn Sie fragen 'Was ist Die Zeit?' antworte ich kurz: Hohe Kunst der Zunft. Ich meine, das will in unseren Tagen schon allerhand besagen."[262] Kolb tanzte sprichwörtlich auf allen Hochzeiten. Neben dem Amt als Oberbürgermeister und dem Mandat als Landtagsabgeordneter bekleidete Kolb 1952 sage und schreibe 22 Aufsichtsratsposten und Ehrenämter, darunter so bedeutende wie den Vorsitz im „Bund Deutscher Verkehrsverbände", im Kuratorium der Johann Wolfgang Goethe-Universität sowie in den Aufsichtsräten der Deutschen Städtereklame, der Messe- und Ausstellungs GmbH oder der Verkehrs-Aktiengesellschaft Rhein-Main.[263] Daß Kolb Ehrenämter wie den Vorsitz im „Deutschen Tierschutzbund" (seit 31. März 1948) durchaus ernst nahm, beweisen seine Beiträge im „Tierfreund", dem amtlichen Vereinsorgan der Tierschützer. Selbst Halter zweier Neufundländer namens Alf und Teddy, äußerte sich Kolb beispielsweise ausführlich zu Problemen der Hundesteuer oder zur von ihm abgelehnten grundsätzlichen Ächtung von Tierversuchen. Tierfreunde, glaubte Kolb, müßten auch Menschenfreunde sein.[264]

Vom Arbeitspensum, das der Oberbürgermeister tagaus, tagein bewältigte, überzeugte sich im Januar 1952 ein Mitarbeiter der „Volksstimme", indem er sich für einen Tag an Kolbs Fersen heftete. Bereits um 6:45 Uhr fuhr ein Fahrer vor Kolbs Dienstwohnung im westlichen Trakt des Bolongaropalasts (Seilerbahn 2) vor, und pünktlich um sieben Uhr betrat das Stadtoberhaupt die provisorischen Amtsräume in der Lindenstraße 27. Gemeinsam mit Chefsekretärin „Emmy" Seemann machte sich Kolb als erstes an die Erledigung des Schriftverkehrs. Ab acht Uhr jagte, nur von einem Abstecher in den Wiesbadener Landtag unterbrochen, eine Besprechung die andere. Trotz des dichtgedrängten Terminkalenders setzte sich der Oberbürgermeister nebenbei beim Wohnungsamt persönlich für eine Schwanheimerin ein, die in einer einsturzgefährdeten Gartenhütte lebte und sich hilfesuchend an Kolb gewandt hatte. Erst um 0:30 Uhr bog Kolbs Dienstwagen wieder in die Seilerbahn ein, war der Arbeitstag des Stadtoberhaupts beendet. Das Privatleben Kolbs, über das mangels Tagebüchern so gut wie gar nichts bekannt ist, blieb zwangsläufig auf der Strecke. Gleichwohl führte Kolb mit seiner Frau Aenne, die ihn liebevoll nur „mein Dicker" nannte, allem Anschein nach eine glückliche Ehe.[265]

Kolb brachte, als er 1946 in Frankfurt sein Amt antrat, bei einer Körpergröße von 1,90 Meter 115 Kilogramm auf die Waage. Über die Wirkung des korpulenten Oberbürgermeisters auf die abgemagerten Zeitgenossen mutmaßte „DIE ZEIT" im April 1954: „Jedenfalls ist Kolbs Popularität ein Phänomen, ebenso wie seine Körperfülle, und offensichtlich besteht eine Wechselwirkung zwischen beiden."[266] Bei den zusätzlichen Pfunden handelte es sich beileibe nicht um „Wohlstandsspeck" – Kolb war seit langem zuckerkrank. Der völlig überanstrengte Körper des Stadtoberhaupts gab auf einer Maikundgebung im Jahr 1954 ein deutliches Warnzeichen: Der Oberbür-

Eine Aufnahme mit Seltenheitswert: Walter Kolb im Kreis der Familie bei einem Besuch des Opel-Zoos. Walter Kolb junior kam 1961 bei einem Autounfall in der Schweiz ums Leben. Aenne Kolb verstarb 1984.

germeister erlitt eine leichte Herzattacke und mußte seine Ansprache unterbrechen. Kolbs Krankengeschichte beginnt mit einem vom Direktor der Medizinischen Klinik am Städtischen Krankenhaus in Höchst, Professor Habs, am 4. November 1954 ausgestellten Attest. Die ärztliche Diagnose lautete auf linksseitige Herzmuskelschädigung bei Bluthochdruck sowie Durchblutungsstörungen und schwerer Diabetes mellitus. Die Zuckerkrankheit, für die der auffällig hohe Mineralwasserkonsum Kolbs ein äußeres Anzeichen war, wurde ambulant mit einer nach heutigen Maßstäben extrem hohen Zahl von Insulin-Einheiten behandelt.[267] Das Stadtoberhaupt hörte nicht auf den Rat der Ärzte, im Beruf kürzerzutreten, und brach im August 1955 erneut mit einem Herzinfarkt zusammen. Kolb trieb weiter Raubbau mit seiner Gesundheit und kehrte schon nach einer kurzen Erholungspause an seinen Schreibtisch im 1951/52 wieder aufgebauten Römer zurück. Mitte Januar erkrankte Kolb infolge einer verschleppten Grippe an Lungenentzündung, woraufhin ihm der behandelnde Arzt, Professor Habs, zunächst eine zehntägige Bettruhe verordnete. Erneut nahm der Oberbürgermeister seine Amtsgeschäfte zu früh auf und erlitt am 7. Februar 1956 einen Rückfall, von dem er sich nur sehr langsam erholen sollte. Auf einen bis März dauernden Krankenhausaufenthalt, über den die „Frankfurter Neue Presse“ unter der aufschlußreichen Schlagzeile „Aktenstapel vor

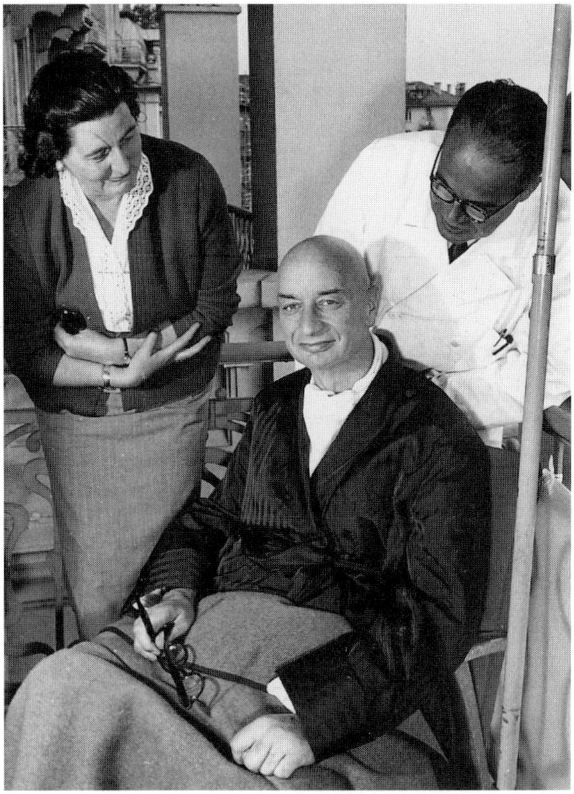

Walter Kolb als Kurgast im Bad Nauheimer „Hessen-Sanatorium". Im weißen Kittel: Chefarzt Martin. Fotografie von Lutz Kleinhans 28. Juli 1956.

dem Bett" berichtete, folgte eine längere Kur im Bad Nauheimer „Hessen-Sanatorium".[268]

Pünktlich zu seinem zehnjährigen Amtsjubiläum meldete sich Kolb am 1. August 1956 im Römer zurück. Das Jubiläum und die Rückkehr ins Amt wurden auf dem Römerberg gefeiert. Als sich der Oberbürgermeister auf dem Balkon des Römers zeigte, erschraken diejenigen, die ihn seit seiner Krankheit zum ersten Mal wiedersahen. Nach einem Gewichtsverlust von fast vierzig Kilogramm war der lebenslustige Rheinländer Kolb nur noch ein Schatten seiner selbst. Wilhelm Hollbach brachte am 14. September 1956 in einem langen, sehr persönlichen Brief an das Stadtoberhaupt die Besorgnis vieler wohlmeinender Bürger zum Ausdruck, daß Kolb sich nach der schweren Krankheit zu früh zuviel zumutete. Inständig bat der Oberbürgermeister a. D. Hollbach Kolb, „lassen Sie sich von der männermordenden Grosstadt in Zukunft nicht mehr überfordern."[269] Am 1. Oktober 1956 dankte die Witwe Kolbs Hollbach für den warmherzigen Brief, den ihr Mann nicht mehr beantworten konnte. Walter Kolb war, nachdem er am Abend zuvor noch gemeinsam mit seiner Frau eine Aufführung von N. Richard Nashs Komödie „Der Regenmacher" besucht hatte, am Donnerstag, dem 20. September 1956, im Alter

Bürgermeister Walter Leiske geleitet den ins Amt zurückgekehrten Oberbürgermeister zum Empfang in den 1955 wiederhergestellten Kaisersaal. Fotografie von Robert Vack 1. August 1956.

von 54 Jahren in seiner Wohnung an den Folgen eines Herzinfarkts gestorben. Ein von Aenne Kolb alarmierter Arzt konnte um 0:15 Uhr nur noch den Tod feststellen.[270]

Frankfurt flaggte halbmast. In einer Sondersitzung beschloß der Magistrat, für den hochverdienten Oberbürgermeister ein Ehrenbegräbnis auszurichten. Kolbs Leichnam wurde am darauffolgenden Samstag in den Römerhallen aufgebahrt, um der Bevölkerung Gelegenheit zum Abschied nehmen zu geben. 40.000 bis 50.000 Menschen defilierten an dem offenen Sarg vorbei, an dem Turner, Polizeibeamte und Feuerwehrmänner abwechselnd die Totenwache hielten. In einer vom Stadtverordneten-Vorsteher Edwin Höcher und Bürgermeister Walter Leiske unterzeichneten Todesanzeige sagte die Stadt dem Verstorbenen Dank: „In schwerster Zeit übernahm er sein Amt. Aus Trümmern und Ruinen schuf er, zusammen mit Bürgerschaft, Stadtverordneten-Versammlung und Magistrat, ein neues Frankfurt, das die große Tradition unserer Stadt fortsetzt. Wir danken ihm für sein unermüdliches Schaffen, das allzu früh seine Kräfte verzehrte. Sein Werk wird in die ehrwürdige Geschichte Frankfurts eingehen."[271] Die Trauerfeier fand am Sonntag nach-

Trauerzug vor dem Rathaus.
Fotografie von Alfred Ritzel 23. September 1956.

Das Grab auf dem Hauptfriedhof. Fotografie von Sepp Jäger 1957.

mittag, dem 23. September 1956, in der von Walter Kolb so verehrten Paulskirche statt. Neben Kirchenpräsident Martin Niemöller würdigten unter anderem der SPD-Vorsitzende Erich Ollenhauer, der hessische Ministerpräsident Georg August Zinn und Bundespräsident Theodor Heuss das kurze, aber erfüllte Leben des verstorbenen Oberbürgermeisters. Nachdem Niemöller die Aussegnungsworte gesprochen hatte, formierte sich vor der Paulskirche der Trauerzug zum Hauptfriedhof. Über 100.000 Menschen säumten Kolbs letzten Weg durch die Stadt – die Anteilnahme unter der Bevölkerung war überwältigend. Walter Kolb fand seine letzte Ruhestätte auf dem Hauptfriedhof in der Nähe des alten Portals, gegenüber dem Grab des Frankfurter Oberbürgermeisters von 1880 bis 1890, Johannes von Miquel. Das Grab bedeckt eine schlichte Platte aus blau-grauer Basaltlava, auf der unter einem Kreuz in erhabener Schrift die Worte „Walter Kolb / 1902–1956 / Oberbürgermeister der Stadt Frankfurt am Main“ stehen.[272]

Postum bescherte der im Amt verstorbene Walter Kolb der Frankfurter SPD das beste Wahlergebnis in ihrer Geschichte. Bei der Kommunalwahl am 28. Oktober 1956 bekamen die Sozialdemokraten 54,5 Prozent der abgegebenen Stimmen. Nachdem sie im Sommer 1956 noch unter Oberbürgermeister Kolb in den Wahlkampf gezogen waren, verfolgten vier neu in die Stadtverordnetenversammlung gewählte Parlamentarier, Brigitte Freyh, Emil Bernt, Reinhard Brunk und Friedrich-Franz Sackenheim, das Ziel, den Verstorbenen durch eine gemeinnützige Einrichtung zu ehren. 1959 beschlossen die Stadtverordneten zur Förderung des Zweiten Bildungswegs die Gründung der „Walter-Kolb-Stiftung e. V." Seit 1987 auch Beratungsstelle für Weiterbildung in der Rhein-Main-Region, liefert die in der Berliner Straße 27 ansässige Stiftung ganz im Sinne Kolbs einen Beitrag zur Verbesserung der Chancengleichheit.[273] In Frankfurt wird die Erinnerung an Walter Kolb auf unterschiedliche Weise wach gehalten: So wurde 1957 am „Tag des Baumes" an der Paulskirche eine „Walter-Kolb-Eiche" gepflanzt und am ersten Todestag des Oberbürgermeisters ein im Auftrag der Stadt hergestellter „Walter-Kolb-Gedächtnis-Film"[274] uraufgeführt. In Sachsenhausen erhielt die Verbindung zwischen Gartenstraße und Alter Brücke den Namen „Walter-Kolb-Straße", in Unterliederbach besuchen heute noch Grund- und Hauptschüler die „Walter-Kolb-Schule". Die Bildhauer G. Bechtel und Otto Weber-Hartl schufen 1959 und 1962 Bronze-Büsten des 1956 verstorbenen Stadtoberhaupts. Das seit 1957 in der Galerie der Oberbürgermeister vor dem Magistrats-Sitzungssaal im Römer plazierte, von Wilhelm Runze gemalte Ölbild Kolbs gemahnt die dort zusammentretenden Stadträte an die von Walter Kolb noch kurz vor seinem Tod geäußerte Bitte: „Seid einig für unsere Stadt".[275]

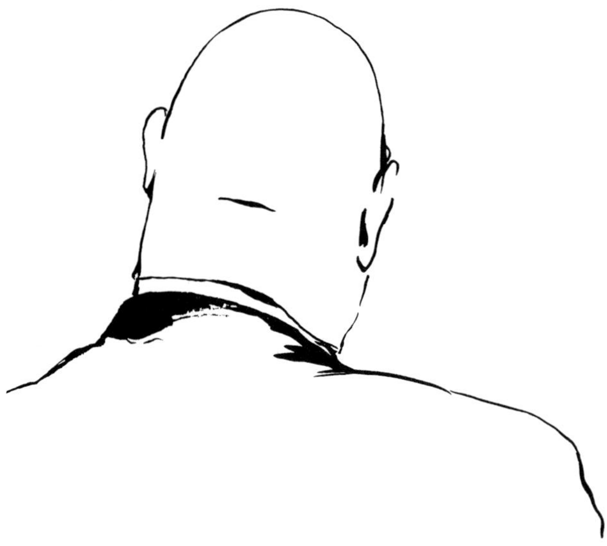

Zeichnung von Klaus Meyer-Gasters.

Anmerkungen

1. Walter Kolb, Was ist kommunale Arbeit?, zur Veröffentlichung in der Zeitschrift „Die demokratische Gemeinde" bestimmtes Typoskript vom 6. September 1949, Magistratsakten 4.196, f. 23r.–26r.

2. Vgl. Heike Drummer, Friedrich Krebs – Nationalsozialistischer Oberbürgermeister in Frankfurt am Main. Rekonstruktion eines politischen Lebens, in: Hessisches Jahrbuch für Landesgeschichte 42 (1992), S. 221–253, hier: S. 244.

3. Hollbach hatte keine gute Meinung von Blaum. In einem Schreiben Hollbachs an Kolb vom 14. September 1956 heißt es: „Von all den Ernennungen, die ich vornehmen musste, war er [=Blaum] der einzige Versager. Und gar als Oberbürgermeister auf der Ebene von Frankfurt war er so sehr Subalterner, dass es in allen Fugen krachte." Brief aus dem Kolb-Nachlaß im Institut für Stadtgeschichte, S 1/4 Nr. 1.

4. Vgl. Frolinde Balser, Aus Trümmern zu einem europäischen Zentrum. Geschichte der Stadt Frankfurt am Main 1945–1989, Sigmaringen 1995, S. 22 und 36 (Veröffentlichungen der Frankfurter Historischen Kommission, Bd. 20) sowie Rudolf Menzer, Probleme der allgemeinen Verwaltung, in: Frankfurt am Main 1945–1965. Ein 20-Jahresbericht der Stadtverwaltung Frankfurt am Main, hrsg. vom Magistrat, Frankfurt a. M. 1965, S. 21–31, hier: S. 21f.

5. Vgl. ebd., S. 23 und den Beitrag „Politische Chronik" in der Frankfurter Rundschau vom 12. April 1946. Das SPD-Flugblatt zur Wählerversammlung mit dem Hauptredner Kolb am 19. Mai 1946 ist abgedruckt in: Dieter Schneider / Franz Neuland, Zwischen Römer und Revolution. 1869–1969 Hundert Jahre Sozialdemokraten in Frankfurt am Main, hrsg. vom SPD-Unterbezirk, Frankfurt a. M. 1969, S. 128.

6. Zu den Unregelmäßigkeiten des Wahlverlaufs: „Chronik zur Frankfurter Wahl" und „Regen, dicke Luft, rote Scheine. Kreuz und quer durch den Frankfurter Wahlsonntag", in: Frankfurter Rundschau vom 28. Mai 1946 sowie die Artikel „Neuwahl in Frankfurt?" und „Wahlergebnis verkündet", in: ebd. vom 31. Mai 1946. Zum Wahlergebnis: F. Balser, wie Anm. 4, S. 480 und Günter Mick, Den Frieden gewinnen. Das Beispiel Frankfurt 1945 bis 1951, Frankfurt a. M. 1985, S. 58–62.

7. Bewerbungsschreiben Walter Kolbs an den Stadtverordnetenvorsteher Rebholz vom 14. Juli 1946, Personalakten 135.068, f. 7r. Ausschreibungstext veröffentlicht in: Mitteilungen der Stadtverwaltung Frankfurt a. M., Nr. 28 vom 8. Juli 1946.

8. Meldekarte der Familie Kolb vom 23. Mai 1894, Stadtarchiv Bonn.

9. Reifezeugnis aus dem Kolb-Nachlaß, S 1/4 Nr. 13.

10. Aus: II. Tätigkeits-Bericht des Republikanischen Studentenkartells zu Bonn (1923/24), Kolb-Nachlaß, S 1/4 Nr. 270.

11. Vgl. ebd. und das Schreiben von Theodor Heuss an Kolb vom 15. März 1934, Kolb-Nachlaß, S 1/4 Nr. 1.

12. Ein Exemplar der am 27. Dezember 1923 abgeschlossenen Prüfungsarbeit befindet sich im Kolb-Nachlaß, S 1/4 Nr. 307.

13. Zeitungsausschnitt „Vor dem französischen Kriegsgericht" vom März 1924 (ohne Herkunftsangabe), Kolb-Nachlaß, S 1/4 Nr. 266.

14. Kolb-Nachlaß, S 1/4 Nr. 310 und 311.

15. Antragsformular und Erlaubnisschein für eine Versammlung am 5. März 1925, Kolb-Nachlaß, S 1/4 Nr. 269. Zum politischen Standort: Wilhelm von Sternburg, Walter Kolb, in: Claus Heinrich Casdorff (Hrsg.), Demokraten. Profile unserer Republik, Königstein/Ts. 1983, S. 171–183, hier: S. 174.

16. Vgl. Fritz Borinski, Zur Geschichte des Leuchtenburgkreises, in: Fritz Borinski / Horst Grimm / Edgar Winkler / Erich Wolf (Hrsg.), Jugend im politischen Protest. Der Leuchtenburgkreis 1923–1933–1977, Frankfurt a. M. 1977, S. 15–96 und 213.

17. Vgl. Walter Kolb, Wille und Weg, in: Deutscher Republikanischer Studentenbund (Hrsg.), Unser Weg. Unser Ziel!, Frankfurt a. M. 1948, S. 15–18 und Leo Brandt, Früh übt sich ... Der Gründer und erste Bundesvorsitzende des Deutschen Republikanischen Studentenbundes, in: Helli Knoll (Bearb.), Walter Kolb, Berlin 1953, S. 24–30. Am 28. Oktober 1928 wurde Kolb zum Ehrenvorsitzenden des „Republikanischen Studentenbundes" gewählt; Ehrenurkunde im Kolb-Nachlaß, S 1/4 Nr. 18.

18. Siehe die fraglichen Zeitungsausschnitte im Album „Der Partei", Kolb-Nachlaß, S 1/4 Nr. 311 sowie Kolbs Lebenslauf nebst Auflistung der Dienststellen, Personalakten 135.068, f. 2r. und 8r./9r.

19. Angaben im Stammbuch der Familie Kolb-Trimborn, Kolb-Nachlaß, S 1/4 Nr. 13.

20. Vgl. „61 preußische Landräte verabschiedet", in: Frankfurter Nachrichten vom 23. August 1932, Lebenslauf, wie Anm. 18 und den ohne Herkunftsnachweis eingeklebten Zeitungsausschnitt „Schwere politische Zusammenstöße in Hameln", Kolb-Nachlaß, S 1/4 Nr. 311. Zum „Gesetz zur Wiederherstellung des Berufsbeamtentums": Hans Mommsen, Beamtentum im Dritten Reich. Mit ausgewählten Quellen zur nationalsozialistischen Beamtenpolitik, Stuttgart 1966, S. 39–61 (Schriftenreihe der Vierteljahreshefte für Zeitgeschichte, Bd. 13).

21. Vgl. die Abschrift eines an den preußischen Innenminister gerichteten Schreibens Kolbs vom 12. Juni 1933, Kolb-Nachlaß, S 1/4 Nr. 273 und eine Ende August 1933 abgefaßte schriftliche Erklärung Kolbs, die er dem auf dem Dachboden seines Bonner Elternhauses deponierten Archiv des „Deutschen Republikanischen Studentenbundes" beilegte, ebd. Nr. 272.

22. Aus einem Schreiben Samuels an Kolb vom 18. November 1949, Institut für Stadtgeschichte, S 2/60a Walter Kolb.

23. Vgl. die Angaben in Kolbs Personalakte 135.068, f. 2r. und 3r./v. sowie im Familienstammbuch, wie Anm. 19.

24. Am 14. November 1956 notariell beglaubigte Abschrift des Testaments vom 6. Februar 1945, Kolb-Nachlaß, S 1/4 Nr. 13.

25. Abschrift der erst am 22. Dezember 1945 ausgestellten Ernennungsurkunde zum Düsseldorfer Oberbürgermeister, Hauptstaatsarchiv Düsseldorf, Bestand: Reg. Düsseldorf 50000, f. 166r.

26. „Die zukünftige Führung der Stadt", in: Neue Rheinische Zeitung, Januar 1946. Vgl. Peter Hüttenberger, Die Industrie- und Verwaltungsstadt (20. Jahrhundert), Düsseldorf

1989, S. 679–695 (Düsseldorf. Geschichte von den Anfängen bis ins 20. Jahrhundert, Bd. 3).

27. Vgl. die Beiträge in der ersten Ausgabe des Düsseldorfer Amtsblatts vom 5. Februar 1946.

28. Walter Kolb, Arbeit und Erfolg, in: 10 Jahre später. Jahresbericht 1954/1955 der Stadt Frankfurt am Main, hrsg. vom Presseamt der Stadt, Frankfurt a. M. 1954, S. 5–26, hier: S. 6. Zur Besoldung der Oberbürgermeister und Oberstadtdirektoren verschiedener Großstädte siehe die Auswertung einer Umfrage durch das Frankfurter Personalamt vom 5. März beziehungsweise 11. Dezember 1947, Magistratsakten 4.220, f. 409r.–412r.

29. Vgl. „Noch schneller, noch tiefer greifen, noch energischer vorgehen! Kölner Journalisten prüfen Frankfurts Wiederaufbau – Läßt sich eine zerstörte Altstadt neu formen?", in: Kölnische Rundschau vom 6. November 1954.

30. Vgl. Protokolle der Stadtverordnetenversammlung P 978 (§ 5, 21. Juni 1946) und G. Mick, wie Anm. 6, S. 60–64.

31. „Zwischenspiel um den Frankfurter Magistrat", in: Frankfurter Rundschau vom 13. August 1946.

32. Vgl. Niederschrift der Stadtkanzlei über die Einladung und den Empfang von Oberbürgermeister Kolb (ohne Datum) sowie die Gästeliste für das Festessen vom 31. Juli 1946, Magistratsakten 4.670, f. 118r., 166r. (Skizze zur Sitzordnung) und 167r.

33. Protokolle der Stadtverordnetenversammlung P 978 (§ 24, 1. August 1946). Die Passage ist auch abgedruckt in: Der schwere Weg, hrsg. vom Presseamt der Stadt, Frankfurt a. M. 1956, S. 19. Vgl. „Dienst an der gesamten Bevölkerung. Einführung des neuen Frankfurter Magistrats in der Aula der Universität", in: Frankfurter Rundschau vom 2. August 1946.

34. Vgl. Protokolle der Stadtverordnetenversammlung P 978 (§ 24, 1. August 1946).

35. Vgl. Einladungskarte für den 1. August 1946, Magistratsakten 4.670, f. 177r. und den Hinweis zum Datum des Dienstantritts, Personalakten 135.068, f. 39r.

36. Protokolle der Magistratssitzungen 3.439 (5. Juli 1948).

37. Ebd.

38. Zu den Grundlagen der Stadtverfassung nach 1945: Hauptsatzung und Verwaltungsordnung der Stadt Frankfurt am Main vom 28. Juni 1946, abgedruckt in: Mitteilungen der Stadtverwaltung Frankfurt a. M. vom 15. und 29. Juli 1946; Magistrats-Ordnung vom 19. Juni 1946, Magistratsakten 4.213, f. 80r.–83r.; Geschäftsordnung für den Magistrat der Stadt Frankfurt a. M. vom 23. August 1946, Magistratsakten 4.107, f. 38r.–39v.

39. Adolf Kohl (10. März 1898 – 2. September 1977) wurde nach 1933 lediglich Mitglied der NSV und des NSRL und trat nie der NSDAP bei. Oberbürgermeister Blaum ernannte den politisch Unbelasteten am 28. August 1945 zum Oberverwaltungsdirektor. Von 1945 bis 1963 leitete Kohl die Stadtkanzlei-Hauptamt. Vgl. Personalakten 135.740.

40. Deutsche Gemeindeordnung vom 21. Dezember 1945, in: Gesetz- und Verordnungsblatt für Groß-Hessen, Nr. 1 vom 10. Januar 1946, S. 4.

41. Vgl. „Dr. Altheim zu 8 Monaten Gefängnis verurteilt", in: Frankfurter Rundschau

vom 15. August 1946 und Personalakten 74.741. Zu den Absagen von Köngeter und Bautzmann: „Oberbürgermeister Kolb eingeführt", in: Frankfurter Rundschau vom 2. August 1946.

42. Vgl. „Er bezahlte Frankfurts Schulden. Der langjährige Stadtkämmerer Dr. Lehmann wird 65 Jahre alt", in: Frankfurter Neue Presse vom 5. November 1953 und die Personalakten 73.701/73.702.

43. Vgl. Schreiben des Büros der Stadtverordnetenversammlung an die Stadtkanzlei vom 30. September 1946, Magistratsakten 3.646, f. 49r./v. sowie G. Mick, wie Anm. 6, S. 66–71, R. Menzer, wie Anm. 4, S. 24 und last, but not least F. Balser, wie Anm. 4, S. 45.

44. „Bis 1948 muß Frankfurt anders aussehen als heute!", in: Frankfurter Neue Presse vom 5. August 1946. Zur Neujahrsbotschaft: Walter Kolb, Frankfurt im Jahre 1947, in: Frankfurter Rundschau vom 31. Dezember 1946.

45. Den publikumswirksamen Griff zur Schippe hatte Kolb schon als Oberbürgermeister von Düsseldorf erprobt. Auf einer von der Neuen Rheinischen Zeitung postum veröffentlichten Fotografie ist Kolb bei der Trümmerbeseitigung im Jahr 1945 abgebildet: „Pionier des Wiederaufbaus", in: Neue Rheinische Zeitung vom 21. September 1956.

46. Max Frisch, Tagebuch 1946–1949, Frankfurt a. M. 1960, S. 37.

47. Hans Werner Richter, Literatur im Interregnum, in: Der Ruf, Nr. 15 (1947), S. 10f. Hierzu auch: Hermann Glaser / Lutz von Pufendorf / Michael Schöneich (Hrsg.), So viel Anfang war nie. Deutsche Städte 1945–1949, Berlin 1989.

48. Zur grausamen Statistik der Luftangriffe siehe das Schreiben des Stadtarchivs an die Stadtkanzlei vom 8. August 1947, Magistratsakten 3.822, f. 57r.–59v. sowie Dieter Rebentisch, Frankfurt am Main in der Weimarer Republik und im Dritten Reich 1918–1945, in: Frankfurt am Main. Die Geschichte der Stadt in neun Beiträgen, hrsg. von der Frankfurter Historischen Kommission, Sigmaringen 1991, S. 423–519, hier: S. 513/514 und F. Balser, wie Anm. 4, S. 49/50.

49. Typoskript der von Kolb am 18. März 1954 in der Stadtverordnetenversammlung gehaltenen Rede, Magistratsakten 3.647, f. 57r.–61r., hier: f. 58r. Die Zahlen zum Wohnraum nach: Pressestelle der Stadt Frankfurt, Zwei Jahre Aufbauarbeit in Frankfurt am Main. Was hat die Stadtverwaltung geleistet?, Frankfurt a. M. 1948, S. 7.

50. Vgl. Statistisches Amt und Wahlamt der Stadt Frankfurt a. M., Denkschrift über die wirtschaftlichen und sozialen Verhältnisse im Jahre 1946 in Frankfurt am Main, Frankfurt a. M. 1947, S. 7, 10/11 und 34; R. Menzer, wie Anm. 4, S. 21–27 und Wolf-Arno Kropat, Hessen in der Stunde Null 1945/1947. Politik, Wirtschaft und Bildungswesen in Dokumenten, Wiesbaden 1979, S. 201–209.

51. Pressestelle, wie Anm. 49, S. 6.

52. Vgl. W.-A. Kropat, wie Anm. 50, S. 201/202 und Rudolf Krämer-Badoni, Zustand einer Großstadtbevölkerung am Beispiel Frankfurts, in: Die Wandlung 2 (1947), S. 812–841.

53. In: Joseph Auth (Hrsg.), Wille zur Tat. Fünf Ansprachen des Frankfurter Oberbürgermeisters Walter Kolb 1947, Frankfurt a. M. o. J., S. 25.

54. Vgl. Verfügung des Bauamts vom 22. April 1945, Magistratsakten 4.889, f. 8r., die

als Plakat gedruckte Bekanntmachung zur Beschlagnahmung der Gebäudetrümmer vom 20. Dezember 1945, Magistratsakten AZ 3810 (Akte nicht paginiert) und den von Stadtrat Adolf Miersch am 27. September 1948 vorgelegten Bericht über die TVG, Magistratsakten AZ 3811, Bd. 1 (Akte nicht paginiert).

55. Aufruf zum Bürgereinsatz der Frankfurter Bevölkerung bei der Trümmerbeseitigung vom 9. Oktober 1946, Institut für Stadtgeschichte, Plakatsammlung S 9 1/525.

56. Aus: Protokolle der Magistratssitzungen 3.437 (11. Oktober 1946).

57. „Sportler schippen", in: Frankfurter Rundschau vom 14. November 1946.

58. Vgl. „Trümmersport. Frankfurts Sportler im Bürgereinsatz", in: Der neue Sport vom 9. Dezember 1946 und den Protokoll-Auszug der Stadtverordnetenversammlung, § 107 vom 6. Februar 1947, Magistratsakten AZ 3810/1, Bd. 1 (Akte nicht paginiert).

59. „Eine Stellungnahme der KPD", in: Frankfurter Rundschau vom 10. Oktober 1946.

60. Vgl. den Entwurf für ein Schreiben des Oberbürgermeisters an die Frankfurter Kreisleitung der KPD vom 27. Januar 1947, Magistratsakten AZ 3810 sowie „Oberbürgermeister und KPD", in: Frankfurter Rundschau vom 4. Februar 1947. Das KPD-Plakat „Enttrümmerung für wen?" und die Gegenerklärung der städtischen Gremien vom 20. März 1947 befinden sich in den Magistratsakten AZ 3810/1 Bd. 1.

61. Vgl. die Seiten 5 und 12 des gedruckten Geschäftsberichts 1947 der TVG, Magistratsakten AZ 3811 Bd. 1.

62. Vgl. Protokoll-Auszug der Stadtverordnetenversammlung, § 81 vom 17. Oktober 1946, Bericht des Bestattungsamts an den Stadtverordnetenvorsteher vom 2. November 1946 und Magistrats-Beschluß Nr. 1028 vom 8. November 1948, alle in: Magistratsakten AZ 6035/33, Bd. 1 (Akte nicht paginiert).

63. Schreiben von Ernst Holzinger und Hans Mettel an das Amt für Wissenschaft, Kunst und Volksbildung vom 9. Juni 1953, Magistratsakten AZ 6035/33 Bd. 1.

64. Die Idee des Ruinenfelds ging auf einen Antrag der SPD-Stadtverordnetenfraktion vom 8. August 1953 zurück, Magistratsakten AZ 6035/33 Bd. 1. Siehe auch das Schreiben des Magistrats an die Stadtverordnetenversammlung vom 15. November 1954, ebd.

65. Vgl. „Trümmerbeseitigung", in: Frankfurter Rundschau vom 9. November 1946.

66. Walter Kolb, Aus Ruinen erblüht neues Leben, Vorwort für die Festschrift: 10 Jahre Trümmer-Verwertungs-Gesellschaft m.b.H. Frankfurt am Main, hrsg. von der TVG, Frankfurt a. M. 1955, S. 5. Siehe auch den gedruckten Geschäftsbericht 1947 der TVG vom 17. Oktober 1948, Magistratsakten AZ 3811 Bd. 1.

67. Vgl. die gedruckte Eröffnungsrede von Albert Rapp, Unsere Stadt, Frankfurt a. M. 1950, o. S., Institut für Stadtgeschichte, KS 126.

68. Vgl. Dieter Bartetzko, Vorspiel in Trümmern. Provisorische Bauten, in: Sprung in die Moderne. Frankfurt am Main, die Stadt der 50er Jahre, hrsg. von Dieter Bartetzko, Frankfurt a. M., New York 1994, S. 14–25, hier: S. 24 (Die Zukunft des Städtischen, Bd. 7).

69. Vgl. „Schwerer Sturm über Frankfurt", in: Frankfurter Rundschau vom 2. März 1949 sowie den Protokoll-Auszug des Haupt- und Finanz-Ausschusses der Stadtverordnetenversammlung, § 626 vom 15. August 1949 und den Bericht des Magistrats an

die Stadtverordnetenversammlung vom 2. Januar 1952, beide: Magistratsakten AZ 3810 (Akte nicht paginiert). Zum Stand der Enttrümmerung im Jahr 1955: 10 Jahre TVG, wie Anm. 66, S. 14 und 16.

70. Kolbs Rede in der wiederaufgebauten Paulskirche am 18. Mai 1948, abgedruckt in: Patricia Tratnik, Materialien zum Wiederaufbau der Paulskirche 1946–1948, Frankfurt a. M. o. J., Dokument Nr. 80 (unveröffentlichtes Typoskript).

71. Vgl. Protokolle der Magistratssitzungen 3.437 (6. November 1946).

72. Hierzu das Schreiben des Kirchenvorstands an den Oberbürgermeister vom 21. Februar 1946 und den Entwurf für das am 8. April 1946 an die Paulsgemeinde abgeschickte Antwortschreiben Blaums, Magistratsakten 4.464, f. 83r./v. und 86r./v.

73. Vgl. die Ausschreibung des Ideenwettbewerbs vom 1. Juni 1946, in: Mitteilungen der Stadtverwaltung Frankfurt am Main, Nr. 24 vom 11. Juni 1946, S. 94, das Schreiben mit dem Entwurf für den ausführlichen Ausschreibungstext von Stadtrat Miersch an Oberbürgermeister Blaum vom 4. Mai 1946, Magistratsakten 4.465, f. 5r. und 10r.–12r. sowie Wendelin Leweke, Geschichte der Paulskirche, in: Die Paulskirche in Frankfurt am Main, hrsg. vom Magistrat, Frankfurt a. M. 1988, S. 19–59, hier: S. 33–37.

74. Vgl. die nahezu gleichlautenden Darstellungen von W. Leweke, wie Anm. 73, S. 37 und P. Tratnik, wie Anm. 70, S. 19/20 sowie den Artikel „Um die Paulskirche", in: Frankfurter Rundschau vom 22. Oktober 1946.

75. Bericht von Stadtbaurat Blanck an den Magistrat vom 4. November 1946, abgedruckt in: P. Tratnik, wie Anm. 70, Dokument 9.

76. Vgl. ebd. und Magistrats-Beschluß Nr. 157 vom 6. November 1946, Magistratsakten 4.464, f. 6r.

77. Vgl. den in Abschrift vorliegenden Brief von Throll an Blanck vom 22. November 1946 sowie Throlls Schreiben an Kolb vom 15. Januar 1947, Magistratsakten 4.465, f. 40r.–42r. und 51r.–52r.

78. Vgl. Throlls Schreiben an Kolb vom 21. April 1947, Magistratsakten 4.464, f. 28r.–30r. Zum Kölner „Klüngel" in Frankfurt: Werner Durth/ Niels Gutschow, Träume in Trümmern. Planungen zum Wiederaufbau zerstörter Städte im Westen Deutschlands 1940–1950, Bd. 2: Städte, hrsg. von Heinrich Klotz im Auftrag des Dezernats Kultur und Freizeit der Stadt Frankfurt a. M., Braunschweig, Wiesbaden 1988, S. 476/477.

79. Undatierte Denkschrift von Fried Lübbecke, Magistratsakten 4.465, f. 33r.–39r., hier: f. 38r.

80. Protokolle der Magistratssitzungen 3.437 (24. Februar 1947). Vgl. die Erklärung von Fried Lübbecke vor dem Gesamtausschuß für die Vorbereitung der Jahrhundertfeier der Paulskirchenversammlung am 5. Februar 1947, Magistratsakten 4.467, f. 5r.–6r.

81. Am 7. November 1962 von Lübbecke verfaßter Lebenslauf, Institut für Stadtgeschichte, S 2/12. Siehe auch: Protokolle der Magistratssitzungen 3.437 (10. März 1947).

82. Vgl. Protokoll der Stadtverordnetenversammlung, §§ 104–106 vom 6. Februar 1947, abgedruckt in: P. Tratnik, wie Anm. 70, Dokument 36.

83. Rudolf Schwarz, Kirchenbau – Welt vor der Schwelle, Heidelberg 1960, S. 94.

84. Planungsgemeinschaft Paulskirche, Die neue Paulskirche, in: Die neue Stadt 2 (1948), S. 101–104, hier: S. 104.

85. R. Schwarz, wie Anm. 83, S. 94.

86. Ebd.

87. Zitiert nach: R. Krämer-Badoni, wie Anm. 52, S. 832.

88. Vgl. Protokoll der Stadtverordnetenversammlung, § 191 vom 29. November 1946, abgedruckt in: P. Tratnik, wie Anm. 70, Dokument 31 und „Eine Siedlung wird aufgebaut“, in: Frankfurter Rundschau vom 30. November 1946.

89. Reproduktion der von Walter Kolb und Joseph Auth unterzeichneten Urkunde, in: 1848/1948. Paulskirchen-Denkschrift, hrsg. von der Stadtkanzlei, Frankfurt a. M. 1948, S. 9. Vgl. Einladungskarte zur doppelten Grundsteinlegung, Magistratsakten 4.468, f. 10r.–11v.

90. Vgl. den Aufruf der Stadt Frankfurt am Main zum Wiederaufbau der Paulskirche vom 20. Januar 1947 und das hektographierte Rundschreiben Kolbs an seine Kollegen in anderen Kommunen Februar 1947, beide im Kolb-Nachlaß, S 1/4 Nr. 242.

91. Vgl. das Stifterbuch für den Wiederaufbau der Paulskirche von 1948, Institut für Stadtgeschichte, S 5/400 und die Zusammenstellung der Spenden bis zum 7. November 1947, abgedruckt in: P. Tratnik, wie Anm. 70, Dokument 41.

92. Vgl. Protokoll-Auszug der Stadtverordnetenversammlung, § 106 vom 6. Februar 1947 und den Bericht des Stadtkämmerers Klingler an Kolb vom 25. Februar 1947, Magistratsakten 4.464, f. 48r. und 62r./v.

93. Vgl. die Ansprache des Oberbürgermeisters beim Richtfest am 7. November 1947, abgedruckt in: Wille zur Tat, wie Anm. 53, S. 28/29.

94. Niederschrift über die Sitzung betreffend Fortgang der Bauarbeiten an der Paulskirche am Sonntag, den 21. Dezember 1947, Magistratsakten 4.467, f. 81r.–95r., hier: f. 81r.

95. Ebd., f. 81r./82r.

96. Vgl. Ebd., f. 82r./83r.

97. Vgl. Niederschrift über die Besprechung wegen des Aufbaues der Paulskirche am Dienstag, den 6. Januar 1948, Magistratsakten 4.467, f. 116r.–126r., hier: f. 120r.

98. Protokolle der Magistratssitzungen 3.438 (12. Januar 1948). Vgl. die Verfügung des Oberbürgermeisters vom 9. Januar 1948, Magistratsakten 4.467, f. 40r. und die Niederschrift über die Sitzung betr. Wiederaufbau der Paulskirche am Donnerstag, den 15. Januar 1948, ebd., f. 133r.–140r. Die Frankfurter Rundschau brachte am 14. Februar 1948 die Meldung „Paulskirche wird fertig“.

99. Vgl. das Schreiben der vorläufigen Leitung der Evangelischen Kirche in Frankfurt an Oberbürgermeister Kolb vom 10. September 1946, Magistratsakten 4.462, f. 4r.

100. Vgl. Protokolle der Magistratssitzungen 3.437 (10. und 17. März 1947).

101. Vereinbarung über den Wiederaufbau und die Nutzung der Paulskirche vom 12. Mai 1948, Magistratsakten 4.463, f. 3r.–5r., hier: f. 4r.

102. Vgl. W. Kolb, wie Anm. 28, S. 12 und F. Balser, wie Anm. 4, S. 166.

103. Protokolle der Magistratssitzungen 3.439 (18. Mai 1948).

104. Vgl. den Entwurf eines am 4. März 1948 von Kolb an den hessischen Innenminister gerichteten Schreibens, Magistratsakten 4.462, f. 101r. und die von der Frankfurter Rundschau am 22. April 1948 veröffentlichte Kurzmeldung „18. Mai kein Feiertag".

105. Vgl. Protokolle der Magistratssitzungen 3.439 (18. Mai 1948). Weitere Träger der Paulskirchen-Plakette waren Ministerpräsident Stock, stellvertretender Ministerpräsident Hilpert, Landtagspräsident Witte, Stadtrat Blanck, Generaldirektor Griebel, Oberbaurat Schneidt, der Freie Deutsche Gewerkschaftsbund, Fritz von Unruh, die Architekten Schwarz, Schaupp und Krahn sowie die Kreishandwerkerschaft; hierzu die entsprechenden Magistrats-Beschlüsse vom 18. Mai, 24. Mai und 21. Juni 1948, Magistratsakten 4.471, f. 66r., 74r. und 77r.

106. Das Original des Doktordiploms befindet sich im Kolb-Nachlaß, S 1/4 Nr. 312. Wer außer Kolb noch den Ehrendoktor erhielt (u. a. Paul Hindemith), vermeldete der Artikel „Festakt in der Universität", in: Frankfurter Rundschau vom 20. Mai 1948.

107. Hellmuth Mayr, Vom Tor der Welt zur Paulskirche, in: Frankfurter Neue Presse vom 19. Mai 1948. Zu den Ereignissen am 18. Mai 1948 siehe: „Jahrhundertfeier in der Paulskirche" und „Frankfurts größter Festtag", beide in: Frankfurter Rundschau vom 20. Mai 1948 sowie Valentin Reisdorf, Der Sternlauf der 30.000!, in: Der neue Sport vom 18. Mai 1948.

108. Hermann Venedey, Erschütterung, in: Frankfurter Rundschau vom 20. Mai 1948. Vgl. Walter Kolb, Tätige Stadt Frankfurt, Frankfurt a. M. 1949, S. 23–28.

109. Vgl. die Mitteilung der Pressestelle der Stadt Frankfurt vom 13. September 1947, Magistratsakten 4.469, f. 177r. und den Zeitungsausschnitt aus der „Jungen Gemeinde" vom Januar 1927, Kolb-Nachlaß, S 1/4 Nr. 310.

110. Vgl. Manfred Durzak, Fritz von Unruh und Ernst Jünger oder Das Janusgesicht der deutschen Literatur, in: Wernfried Schreiber (Hrsg.), Fritz von Unruh zum 100. Geburtstag und 15. Todestag, Koblenz 1985, S. 29–55 (Veröffentlichungen der Stadtbibliothek Koblenz, Bd. 16).

111. Vgl. ebd, S. 59, „Bücherverbrennung auf dem Römerberg", in: Stadt-Blatt der Frankfurter Zeitung vom 11. Mai 1933 und Walter Kolb, An den heimgekehrten Dichter Fritz von Unruh, Frankfurt a. M. 1953, S. 9–11.

112. Fritz von Unruh, Rede an die Deutschen, herausgegeben und eingeleitet von Eugen Kogon, Frankfurt a. M. 1948, S. 39/40.

113. Ebd., S. 40. In einem als Abschrift überlieferten persönlichen Brief an Kolb erinnerte sich Unruh am 22. Juni 1949 an den dramatischen Zwischenfall während der Paulskirchenfeier: „Ich fühlte es, wie in dieser Nachmittagssphäre, wo die Sonnenstrahlen von draussen bald hier! bald dort einen deutschen Kopf beleuchteten! .. ich sage: ich merkte es, wie es immer leiser und leiser wurde .. so als ginge jeder einzelne, ohne von seinem Nachbar bemerkt werden zu wollen, ganz still mit mir zusammen in diese Kammer der Selbsterkenntnis hinein. Das grauenhafte Geschehen der Hitler-Aera warf manchen rücksinnend auf die Kniee seines Herzens. Und nur so war es möglich, dass ich es wagen konnte, auf diesem ersten Schritt in eine neue Geschichte von unserer Schuld zu sprechen. [...] Eine wie Hellsicht in mir werdende Gewissheit flüsterte mir zu: hier spricht kein Dichter! kein Parteipolitiker! Diese Sekunde will sich das bessere Ich Deines Volkes für einen Augenblick durch Dein Wort materialisieren. Die Stimme neu-

er, wesentlicher Zukunft wurde so stark um mein Ohr, dass ich mich selbst nicht mehr verstand. Nicht mehr hörte und von der Gewalt dieses Ereignisses erschüttert – im Angesicht all jener Volksgenossen, die nun den Weg zum Licht zu gehen berufen wurden, zusammenbrach. Als mich dann ein paar Studenten vom Podium fort hinauf in die kleine, noch nicht fertig gezimmerte Kammer hinter der Orgel trugen, – da wusste ich erst selbst nicht, was geschehen.– Es war keine Ohnmacht, der man mit schwarzem Tee wieder auf die Beine hilft! – es war die Vision eines Deutschlands, das sich inmitten seiner eingeäscherten Städte endlich erhob, um sich seine ihm von Dichtern und Denkern geweissagte Sendung zu erfüllen. Die Spannung zwischen dem was war und dem was einmal sein wird .. warf mich um. Doch als dann der Trompeter in der Kammer, während von unten aus dem Orchester Beethoven's Leonoren-Ouvertüre zu mir klang! das Signal der Befreiung plötzlich über mich, den man auf ein Brett hingelegt hatte, so jauchzend dahinschmetterte! da hatte ich all meine Besinnung wieder. Entgegen dem Befehl des Arztes stand ich auf. Kam zurück. Und beendete dann unter dem mir ewig unvergesslichen Jubel der Festgesellschaft .. meine Paulskirchenrede.", in: Kolb-Nachlaß, S 1/4 Nr. 1. Eine Aufzeichnung der vom Radio Frankfurt live übertragenen Paulskirchenfeier befindet sich im Deutschen Rundfunkarchiv, DRA-Nr. 52.741.

114. Vgl. F. v. Unruh, wie Anm. 112, S. 40–46 und „Jahrhundertfeier in der Paulskirche", in: Frankfurter Rundschau vom 20. Mai 1948.

115. Zur Fest- und Kulturwoche erschien ein 20seitiges Programmheft, Institut für Stadtgeschichte, S 3/ T 6311.

116. Vgl. den Magistrats-Beschluß Nr. 258 vom 24. Mai 1948, Magistratsakten 4.470, f. 236r.

117. Siehe: „Das Derby ohne Tore" und „Paulskirchen-Regatta mit Sensationen", in: Der neue Sport vom 18. und 24. Mai 1948 sowie „Schnelle Staffeln der Leichtathleten", in: Sportbeobachter vom 18. Mai 1948. Speziell zum Pferdesport: Anton Rauch, 85 Jahre Pferderennen in Frankfurt. Ein Jubiläum im Rahmen der Frankfurter Jahrhundertfeier der ersten deutschen Nationalversammlung, Frankfurt a. M. 1948.

118. Zitiert nach: „Was halten Sie von den Paulskirchenfeiern?", in: Frankfurter Neue Presse vom 24. Mai 1948.

119. Ebd.

120. Ebd.

121. Vgl. Mitteilung der Pressestelle der Stadt Frankfurt vom 12. Mai 1948, Magistratsakten 4.469, f. 361r.

122. „Ist die Paulskirche geglückt?", in: Frankfurter Neue Presse vom 4. Juni 1948.

123. Walter Kolb, Frankfurt im Jahre 1948 – Blick auf 1949, Frankfurt a. M. 1949, S. 7 (Typoskript im Institut für Stadtgeschichte, SD 1/305).

124. Vgl. Protokoll-Auszug der Stadtverordnetenversammlung, § 656 vom 20. Oktober 1948, Magistratsakten 4.466, f. 99r. und Protokolle der Magistratssitzungen 3.439 (5. Juli 1948).

125. Vgl. Protokoll-Auszug der Stadtverordnetenversammlung, § 624 vom 23. August 1951, Magistratsakten 4.466, f. 158r./v.

126. Zitiert nach der in den „Mitteilungen der Stadtverwaltung Frankfurt a. M." vom 29. September 1956 auf Seite 252 abgedruckten Trauerrede des Bundespräsidenten. Siehe auch den Nachruf „Der Baumeister Frankfurts", in: Die Rheinpfalz vom 21. September 1956.

127. Vgl. Walter Kolb, Die politische Bedeutung der deutschen Turner. Ansprache des Festprotektors bei der Eröffnungsfeier in der Paulskirche, in: Der Hessenturner, 2. Turnfest-Sondernummer, Oktober 1948, S.4–7. Die Verdienste des Turnvaters und Paulskirchen-Abgeordneten, Friedrich Ludwig Jahn, wurden in Frankfurt 1953 mit der Errichtung eines Gedenksteins auf dem Lohrberg gewürdigt.

128. Zitiert nach: „Einsamer Stadiongast um Mitternacht", in: Frankfurter Rundschau vom 1. März 1956. Zur Jugendkriminalität und der gesellschaftspolitischen Bedeutung des Sports: Pressestelle, wie Anm. 49, S. 49 und Walter Kolb, Turnertum, Staatsbürgertum, Weltbürgertum, in: Der Hessenturner vom 15. Januar 1952.

129. Vgl. Pressestelle, wie Anm. 49, S. 39, Frankfurt am Main 1945–1965, wie Anm. 4, S. 231 und das Schreiben von Kolb an die Militärregierung vom 31. Juli 1948, Magistratsakten AZ 3652, Bd. 1 (Akte nicht paginiert).

130. Vgl. „Stadt Frankfurt strebt wieder aufwärts", in: Frankfurter Presse vom 12. Juli 1945.

131. Die im Krieg nur gering beschädigte Stadion-Anlage wurde am 1. Mai 1945 von den amerikanischen Streitkräften beschlagnahmt und in „Victory Park" umbenannt. Das Fußballstadion hieß seitdem „Victory Stadium", das Stadionbad firmierte unter „Victory Pool". Das Dokument der Beschlagnahmung wird vom Frankfurter Sportmuseum verwahrt (ohne Inventar-Nummer). Siehe auch: Erich Wick, Glanzvoller „Tag der Eintracht", in: Der neue Sport vom 14. Juli 1947.

132. Vgl. Karl Jünger, Max Schmeling noch immer erste Klasse, in: Der Box-Sport vom 2. Oktober 1947 und Erich Wick, Im Endlauf der deutschen Steher-Meisterschaften: Kein anderer als Lohmann, in: Der neue Sport vom 16. August 1948.

133. Richard Kirn, Das gute Beispiel, in: Der neue Sport vom 24. März 1947. Zum Antagonismus von Hunger und Sport: Thomas Bauer, „Zu mehr lange dene ihr Kalorie net." Hunger und Sport in der Nachkriegszeit, in: Sport, Bildung und Demokratie. Fünfzig Jahre „Sport für alle" im Landessportbund Hessen, hrsg. von Franz Nitsch und Rolf Lutz, Marburg 1996, S. 307–310.

134. W. Kolb, wie Anm. 127, S. 6/7.

135. Vgl. das von Gleffe unterzeichnete Schreiben des Turnfest-Büros an die Militärregierung vom 22. Januar 1948 und die Nachricht der „Special Service Section" an das Büro des „Military Government for Hesse" vom 9. März 1948, Magistratsakten AZ 7321, Bd. 4 (Akte nicht paginiert). Zur Gründungsgeschichte des DTB: Walter Hulek, Jahrbuch der Turnkunst 1952, Frankfurt a. M. 1952, S. 25.

136. Vgl. das Schreiben des DAT an den Frankfurter Oberbürgermeister vom 23. Juni 1948, Magistratsakten AZ 7321, Bd. 4.

137. Protokolle der Magistratssitzungen 3.439 (28. Juni 1948). Die Stadtverordnetenversammlung stimmte dem Magistrats-Beschluß am 1. Juli 1948 zu (§ 397). Die Durststrecke der Turnfest-Organisatoren war damit aber noch nicht beendet: Am 19. Juli

1948 beschloß der Magistrat, dem DAT ein weiteres Darlehen über 35.000 Mark zu gewähren; vgl. Protokolle der Magistratssitzungen 3.439 (19. Juli 1948).

138. Nach W. Kolb, wie Anm. 127, S. 6.

139. Vgl. Horst Ueberhorst, Feste und Festspiele der Turner, in: Die Gründerjahre des Deutschen Sportbundes. Wege aus der Not zur Einheit, Bd. 2, hrsg. vom Deutschen Sportbund, Schorndorf 1991, S. 166–174 und Herbert Neumann, Deutsche Turnfeste. Spiegelbild der Deutschen Turnbewegung, hrsg. vom Deutschen Turner-Bund, Bad Homburg 1985, S. 211/212 sowie Festschrift zum 125-jährigen Jubiläum der Turnabteilung Eintracht Frankfurt 1861–1986, hrsg. von der Eintracht Frankfurt e. V. (Abteilung Turnen), Frankfurt a. M. 1986, S. 25–27.

140. Vgl. „Das große Familienfest der Turner im Frankfurter Stadion", in: Der neue Sport vom 23. August 1948 und Annhilt Ferber, Eugen Eichhoff und Walter Kolb und der Deutsche Turnerbund in der Phase seiner Neugründung, Bochum 1978, S. 44–56 (Maschinenschriftliche Examensarbeit in der Bibliothek des DTB).

141. So Eichhoff in einem Brief an den verstorbenen Walter Kolb vom 24. September 1956, abgedruckt in: Deutsches Turnen vom 10. Oktober 1956.

142. Zu diesem Versuchsballon: Schreiben Walter Gleffes an Otto von Recum vom 1. Juli 1948, Brief Eugen Eichhoffs an Walter Kolb vom 10. August 1948 und Aktenvermerk der Stadtkanzlei vom 13. August 1948, alle in: Magistratsakten AZ 7321, Bd. 4.

143. Die Direktive Nr. 23 wurde viersprachig veröffentlicht in: Amtsblatt des Kontrollrats in Deutschland vom 31. Januar 1946. Siehe auch: Franz Nitsch, Traditionslinien und Brüche. Stationen der Sportentwicklung nach dem Zweiten Weltkrieg, in: Die Gründerjahre des Deutschen Sportbundes. Wege aus der Not zur Einheit, Bd. 1, hrsg. vom Deutschen Sportbund, Schorndorf 1990, S. 29–64, hier: S. 35/36.

144. Vgl. „Dr. Kolb in der Hasenheide", in: Deutsches Turnen vom Juli 1949 und A. Ferber, wie Anm. 140, S. 64.

145. Vgl. das Schreiben des Bundespräsidenten an Kolb vom 6. April 1950, Magistratsakten AZ 7321, Bd. 5 (Akte nicht paginiert).

146. Zu diesem Komplex: Niederschrift der Stadtkanzlei über die Sitzung des Ausschusses für die Vorbereitung des Deutschen Turntages vom 12. Mai 1950, Vermerk der Stadtkanzlei über die Fahrt nach Bonn vom 16. Mai 1950 und eine Abschrift des in Bonn übergebenen Memorandums, alle in: Magistratsakten AZ 7321, Bd. 5.

147. Abschrift des Schreibens von McCloy an Adenauer vom 23. Mai 1950, ebd.

148. Aktennotiz der Stadtkanzlei-Verbindungsstelle (Otto von Recum) über eine Besprechung beim amerikanischen Hochkommissar vom 24. Mai 1950, ebd.

149. Vgl. W. Hulek, wie Anm. 135, S. 18 und die Kolb-Gedächtnis-Ausgabe des Fachorgans: Deutsches Turnen vom 10. Oktober 1956.

150. Vgl. Konrad Sczygiol (Bearb.), Der Deutsche Turner-Bund. Seine Gründung. Frankfurt am Main und Tübingen 1950, Frankfurt a. M. 1950, S. 38–41. Die Kontrollrats-Direktive Nr. 23 wurde im Herbst 1950 aufgehoben, hierzu: Michael Krüger, Einführung in die Geschichte der Leibeserziehung und des Sports. Teil 3: Leibesübungen im 20. Jahrhundert. Sport für alle, Schorndorf 1993, S. 155.

151. Walter Kolb, Die deutschen Städte und der Sport, Stuttgart 1952, S. 3 und 6. Vgl. Kommunale Sportaufgaben. Bericht über die Arbeitstagung der Leiter städtischer Sportämter, 28. und 29. Oktober 1949 in Duisburg, hrsg. im Auftrag der Arbeitsgemeinschaft deutscher Sportämter von Johannes Sampels, Köln 1949 und Otto Ziebill, Geschichte des Deutschen Städtetages. Fünfzig Jahre deutsche Kommunalpolitik, Stuttgart 1956², S. 178–180.

152. W. Kolb, wie Anm. 151, S. 14/15. Siehe auch das Kapitel „Rudersport in der Ära Walter Kolb“, in: Thomas Bauer, 125 Jahre Frankfurter Rudergesellschaft Germania 1869 e. V., Frankfurt a. M. 1994, S. 73–77.

153. W. Kolb, wie Anm. 151, S. 11. Vgl. O. Ziebill, wie Anm. 151, S. 178.

154. Vgl. Frankfurt gestern und heute. Zehn Jahre Wiederaufbau im Spiegel der Zahlen, hrsg. vom Magistrat, Frankfurt a. M. 1956, S. 30/31 und Die Sportstadt Frankfurt am Main. Neue Hauptkampfbahn im Stadion, hrsg. von der Stadion GmbH, Frankfurt a. M. 1955, S. 14 und 16. Einem Schreiben der Stadion GmbH an Oberbürgermeister Kolb vom 17. Juni 1950 ist zu entnehmen, daß das Stadionbad schon am 15. Juni 1950 von der Beschlagnahmung befreit wurde, Magistratsakten AZ 7340, Bd. 2 (Akte nicht paginiert).

155. Margot Felsch, Aus der Chef-Etage des Römers. Begegnungen mit den Frankfurter Oberbürgermeistern Walter Kolb, Werner Bockelmann, Willi Brundert, Walter Möller, Rudi Arndt und Walter Wallmann, Frankfurt a. M. 1981, S. 25. Siehe auch Kolbs am 22. Juli 1955 ausgestellten Turnerpaß, Kolb-Nachlaß, S 1/4 Nr. 13.

156. Vgl. „Einsamer Stadiongast um Mitternacht“ in: Frankfurter Rundschau vom 1. März 1956.

157. Vgl. „Die Badehose“ und Leserbriefe, in: Der Spiegel vom 28. Juli und 11. August 1949 sowie das Schreiben von Hackenberg an Kolb vom 25. Juli 1949 und den Antwortbrief des Oberbürgermeisters vom 27. Juli 1949, Magistratsakten 4.761, f. 78r. und 79r.

158. Franz Nitsch, In Freiheit zur Einheit: Das Werden des Landessportbundes in Hessen (1945–1948), in: Der Landessportbund Hessen in seiner Gründungsphase. Eine Dokumentation der Jahre 1945-1948, hrsg. von Franz Nitsch und Rolf Lutz, Marburg 1996, S. 28–42, hier: S. 40. Vgl. Walter Kolb, Die Sportstadt Frankfurt am Main, in: Die Sportstadt, wie Anm. 154, S. 12/13 und Harald Braun, Walter Kolb (1902–1956), in: Die Gründerjahre, wie Anm. 143, S. 338–341.

159. Vgl. Lothar Gall, Frankfurt als deutsche Hauptstadt?, in: Archiv für Frankfurts Geschichte und Kunst 61 (1987), S. 17–32, hier: S. 29, Rudolf Morsey, Die Bundesrepublik Deutschland. Entstehung und Entwicklung bis 1969, München 1990², S. 7–9 (Oldenbourg Grundriß der Geschichte, Bd. 19) und F. Balser, wie Anm. 4, S. 95–99.

160. Protokolle der Magistratssitzungen 3.438 (15. August 1947).

161. Ebd. (11. August 1947). Vgl. Pressestelle, wie Anm. 49, S. 16/17 und F. Balser, wie Anm. 4, S. 98.

162. Vgl. Walter Kolb, Frankfurt im Jahre 1947 und ders., Frankfurts neue Aufgaben, in: Frankfurter Rundschau vom 31. Dezember 1946 und 20. Mai 1947.

163. Die Formulierung stammt von Johannes Volker Wagner: Der Parlamentarische Rat 1948–1949. Akten und Protokolle, hrsg. von Kurt Georg Wernicke und Hans Booms, Bd. 1: Vorgeschichte, bearbeitet von J. V. Wagner, Boppard 1975, S. LII.

164. Carlo Schmid, Erinnerungen, München 1981, S. 353. Vgl. Christoph Kleßmann, Die doppelte Staatsgründung. Deutsche Geschichte 1945–1955, Bonn 1986[4], S.193–202.

165. Vgl. die von Wandersleb verfaßte Stellungnahme zur Denkschrift der Stadt Frankfurt vom 8. November 1948, Magistratsakten 3.617, f. 285r.–289r., Ingrid Röschlau, Vor 40 Jahren: Bonn oder Frankfurt? Der Streit um die Bundeshauptstadt, Frankfurt a. M. 1989 (Kleine Schriften des Frankfurter Stadtarchivs, 2) und F. Balser, wie Anm. 4, S. 119–122.

166. Hinweis bei: Heinrich Heym, Zweihundert Hände gegen Frankfurt. Die Geschichte der heimlichen Hauptstadt am Main durch die Jahrhunderte, in: Frankfurter Allgemeine Zeitung vom 8. Januar 1965.

167. Im Gegensatz zu Adenauer fühlte sich Heuss Frankfurt verbunden. Die „Abendpost" zitierte den Bundespräsidenten im Juli 1954 mit den Worten: „Ich fühle mich in Frankfurt immer recht wohl", aus: „Bundespräsident war Mittagsgast im Kaffee Kolb", in: Abendpost vom 29. Juli 1954. „Kaffee Kolb" wurde scherzhaft die Cafeteria im Römer genannt.

168. Vgl. Klaus Dreher, Ein Kampf um Bonn, München 1979, S. 83–125 und Gerd Bucerius, Wie Adenauer Bonn machte, in: DIE ZEIT vom 6. April 1979.

169. Vgl. „Ein politischer Skandal", in: Wirtschaftszeitung vom 25. Juni 1949 und G. Mick, wie Anm. 6, S. 140 sowie das Schreiben von Kolb an Lübbecke vom 24. Mai 1949, Magistratsakten 3.617, f. 440r./441r.

170. Auszug aus dem stenographischen Bericht über die 7. Sitzung der Stadtverordnetenversammlung, § 338 vom 12. Mai 1949, Magistratsakten 3.617, f. 427r. Kuriosum am Rande: Im sicheren Glauben an einen Abstimmungserfolg hatte Kolb bereits am 9. Mai 1949 die Rundfunkansprache „Frankfurt als Bundeshauptstadt" aufzeichnen lassen, die dann ungesendet im Deutschen Rundfunkarchiv verschwand, DRA-Nr. 49.8659.

171. Vgl. G. Mick, wie Anm. 6, S. 141.

172. Vgl. das hektographierte Schreiben des Frankfurter Oberbürgermeisters vom 20. August 1949 und die gedruckte Denkschrift „Wohnraum für die Bundesorgane in Frankfurt", Magistratsakten 3.618, f. 43r.–48r. Interessante Einblicke gewährt die Umfrage: „Sind Sie für Bonn oder Frankfurt? Bundeswahl-Kandidaten und ihre Antwort", in: Frankfurter Rundschau vom 12. August 1949.

173. Vgl. Otto Dann, Die Hauptstadtfrage in Deutschland nach dem 2. Weltkrieg, in: Theodor Schieder, Gerhard Brunn (Hrsg.), Hauptstädte in europäischen Nationalstaaten, München/ Wien 1983, S. 35–60, hier: S. 52/53.

174. Walter Kolb, Die Bonner Entscheidung und Frankfurts Zukunftsaufgaben, in: Mitteilungen der Stadtverwaltung Frankfurt a. M. vom 12. November 1949. Vgl. das Typoskript der beinahe gleichlautenden Rede Kolbs „Über den wirtschaftlichen und kulturellen Wiederaufbau von Frankfurt" in der Industrie- und Handelskammer am 10. November 1949, Magistratsakten 4.196, f. 45r.–60r. Der Politische Berater der Vereinigten Staaten für Deutschland, Robert D. Murphy, hatte Frankfurt schon im August 1947 eine blühende Zukunft prophezeit: „Man solle 2 oder 3 Jahre weiterblicken", wie-

derholte Kolb die Voraussage Murphys in der Magistratssitzung vom 15. August 1947, „und sich darüber klar sein, dass, ganz gleich, ob Frankfurt die Hauptstadt werde oder nicht, eine Konzentration von Wirtschaft und Verkehr einsetzen werden, wie in keiner anderen deutschen Stadt." Aus: Protokolle der Magistratssitzungen 3.438 (15. August 1947).

175. Nach einem von Frolinde Balser veröffentlichten mündlichen Bericht Herbert Steffens, vgl. F. Balser, wie Anm. 4, S. 130.

176. W. Kolb, wie Anm. 108, S. 11.

177. Zitiert nach: Am Straßenkreuz Europas. Frankfurter Messen in Vergangenheit und Gegenwart. Festschrift zum 50jährigen Bestehen der Messe GmbH, Frankfurt a. M. 1957, S. 111. Siehe auch die Kurzmeldung „Wieder Messe in Frankfurt", in: Frankfurter Rundschau vom 27. August 1946.

178. Vgl. den Entwurf des am 18. April 1946 an das Großhessische Staatsministerium gerichteten Schreibens, Magistratsakten AZ 4440, Bd. 1 (Akte nicht paginiert).

179. Vgl. Wolf von Wolzogen, Soziale und kulturelle Voraussetzungen zum Neubeginn der Frankfurter Messe 1948 – Kontinuitäten und neue Konzeptionen, in: Brücke zwischen den Völkern – Zur Geschichte der Frankfurter Messe, 3 Bde., hrsg. von Rainer Koch, Bd. 2: Beiträge zur Geschichte der Frankfurter Messe, hrsg. von Patricia Stahl, Frankfurt a. M. 1991, S. 411–430, hier: S. 423.

180. Zitiert nach der „streng vertraulich" eingestuften Niederschrift über die Sitzung des Aufsichtsrats der Messe- und Ausstellungs GmbH vom 10. April 1947, Magistratsakten AZ 4441, Bd. 5 (Akte nicht paginiert).

181. Vgl. ebd. und die Notiz „Verlegung der Frankfurter Herbstmesse", in: Mitteilungen der Industrie- und Handelskammer Frankfurt a. M. vom 1. Juli 1947.

182. Vgl. „Glanzvoller Tag der Landwirtschaft", in: Frankfurter Rundschau vom 30. August 1948 und die Broschüre: Frankfurt wieder Messe- und Ausstellungsstadt, Frankfurt a. M. 1948, S. 5–8 (Archiv der Messe Frankfurt GmbH, Ffm Eb 2.4).

183. So die von der Presse in indirekter Rede wiedergegebene Erklärung Erhards, „Frankfurts Messe eröffnet", in: Frankfurter Rundschau vom 4. Oktober 1948.

184. „Erfolgversprechender Auftakt. 54000 Besucher am ersten Tag – Beachtliche Umsätze", in: Frankfurter Rundschau vom 4. Oktober 1948. Vgl. Hanns Schlotter, Branchengliederung der Messe ist übersichtlich durch „Frankfurter Form", in: Frankfurter Messe – Sonderbeilage der Frankfurter Rundschau vom 4. Oktober 1948.

185. Vgl. „Frankfurter Messe – Umsatz über 600 Millionen DM", in: Frankfurter Rundschau vom 9. Oktober 1948 und W. v. Wolzogen, wie Anm. 179, S. 425.

186. Vgl. ebd., S. 426/427 und Wolf von Wolzogen, Die Frankfurter Messe heute – 35 Messen hat das Jahr, in: Brücke zwischen den Völkern, wie Anm. 179, S. 431–452, hier: S. 433/434 sowie: Dem Ziele näher. Jahresbericht 1955/1956 der Stadt Frankfurt am Main, hrsg. vom Presseamt, Frankfurt a. M. 1956, S. 84–86.

187. Zur Geschichte des Frankfurter Flughafens: Rudolf Lange, Chronik des Flughafens Frankfurt am Main, Frankfurt a. M. 1976 (unveröffentlichtes Typoskript), 50 Jahre Flughafen Frankfurt. Geschichte eines europäischen Flughafens 1936–1986, hrsg. von der Flughafen Frankfurt/Main AG, Frankfurt a. M. 1986 und zuletzt: Markus Kutscher,

Geschichte der Luftfahrt in Frankfurt am Main. Von Aeronauten und Jumbo-Jets, Frankfurt a. M. 1995.

188. Zitiert nach: „Medikamente für Berlin", in: Frankfurter Rundschau vom 10. August 1948. Vgl. M. Kutscher, wie Anm. 187, S. 84/85 sowie Protokolle der Magistratssitzungen 3.439 (19. Juli 1948) und das Dankschreiben Louise Schröders an Kolb vom 9. August 1948, Kolb-Nachlaß, S 1/4 Nr. 1.

189. Vgl. „Bürgermeister Kolb gestorben", in: Berliner Morgenpost vom 21. September 1956 und Heinrich Heym, Walter Kolb zum zehnten Todestag, in: Frankfurter Allgemeine Zeitung vom 17. September 1966.

190. Vgl. M. Kutscher, wie Anm. 187, S. 86/87.

191. Die Rede ist abgedruckt in: VAG Nachrichten vom Flughafen Rhein-Main, Januar 1951, S. 15.

192. Vgl. Frankfurt am Main 1945–1965, wie Anm. 4, S. 276 und M. Kutscher, wie Anm. 187, S. 90–92.

193. Walter Kolb, Vor neuen Aufgaben, in: Frankfurter Luftverkehr 1924–1949, hrsg. von der VAG, Frankfurt a. M. 1949, S. 10. Vgl. Unsere Flughäfen im Jahre 1950, in: Der Städtetag, Neue Folge, 4 (1951), S. 200 sowie Frankfurt gestern und heute, wie Anm. 154, S. 54.

194. Vgl. Statistisches Amt, wie Anm. 50, S. 5 und 21 sowie Walter Kolb, Rede über den wirtschaftlichen und kulturellen Wiederaufbau von Frankfurt in der Industrie- und Handelskammer am 10. Novemver 1949, Magistratsakten 4.196, f. 45r.–60r., hier: f. 49r. und ders., Unser Frankfurt ist wieder schön geworden, in: Frankfurter Neue Presse vom 27. November 1954.

195. Vgl. die Niederschrift über eine Besprechung mit Vertretern der Wirtschaft über die Auswirkung der Demontagen vom 19. Oktober 1947, Magistratsakten AZ 9310, Bd. 1 (Akte nicht paginiert) und Protokolle der Magistratssitzungen 3.438 (20. Oktober 1947).

196. Vgl. F. Balser, wie Anm. 4, S. 192.

197. Vgl. Walter Leiske, Frankfurt im Aufstieg, in: Frankfurts Wirtschaft baut auf! Ein Bildband über die Fortschritte im Wiederaufbau der Stadt, Frankfurt a. M. 1952, S. IX–XII und ders., Vom Sog nach Frankfurt, in: Adressbuch der Stadt Frankfurt a. M., Frankfurt a. M. 1953, o. S.

198. Ebd.

199. Vgl. Ernst Wegener, Ein neues Wahrzeichen im Südwesten der Stadt – das Gebäude der AEG, in: Hochhäuser in Frankfurt. Wettlauf zu den Wolken, hrsg. von Detlev Janik, Frankfurt a. M. 1995, S. 21/22 und Walter Leiske, Frankfurt die Handels- und Wirtschaftsstadt, in: Auf dem Weg des Wiederaufstiegs. Jahresbericht 1950/51 der Stadt Frankfurt am Main, Frankfurt a. M. 1951, S. 29–38, hier: S. 29 sowie den Artikel „Neckermann", in: Frankfurter Biographie. Personengeschichtliches Lexikon, Bd. 2, hrsg. von Wolfgang Klötzer, Frankfurt a. M. 1996, S. 85–87.

200. Vgl. Statistisches Amt (Hrsg.), Frankfurt am Main und seine Bedeutung für Hessen, Frankfurt a. M. 1951, S. 29/30 und Frankfurt gestern und heute, wie Anm. 154, S. 47–49.

201. 36.885 Pkw, 8.738 Lkw und 19.612 Krafträder, aus: ebd., S. 51. Vgl. R. Morsey, wie Anm. 159, S. 22 und 41–45.

202. Walter Kolb, Dem Fortschritt dienen! Zum 30jährigen Bestehen der Frankfurter Flughäfen, (Typoskript vom 15. Juni 1954), Magistratsakten 4.198, f. 51r. Siehe auch: Walter Kolb, Wirtschaftsmetropole Frankfurt am Main, in: Neuer Vorwärts vom 17. März 1950 und Hermann Sommer, Im Banne internationaler Zusammenarbeit, in: H. Knoll, wie Anm. 17, S. 34–38.

203. Zahlenangaben nach: Frankfurt gestern und heute, wie Anm. 154, S. 3/4. Den Hinweis zur Aufhebung der Zuzugssperre gibt: Hellmut Reinert, Trotz Neubau große Wohnungsnot, in: Auf dem Weg des Wiederaufstiegs, wie Anm. 199, S. 84–86.

204. Vgl. „Frankfurt auf dem Weg zur Millionenstadt“, in: Frankfurter Allgemeine Zeitung vom 13. Januar 1950 und Frankfurt am Main 1945–1965, wie Anm. 4, S. 16 sowie M. Felsch, wie Anm. 155, S. 28.

205. W. Kolb, wie Anm. 28, S. 11. Vgl. Frankfurt am Main 1945–1965, wie Anm. 4, S. 213 und die in den Magistratsakten AZ 3460, Bd. 1 archivierten Vorgänge zur Geschichte der Stadtentwässerung von 1945 bis 1949.

206. Stenographische Protokolle des Hessischen Landtags, II. Wahlperiode, 25. Sitzung vom 13. März 1952, S. 945. Vgl. Frankfurt gestern und heute, wie Anm. 154, S. 18.

207. Vgl. „Frankfurt – eine einzige Baustelle“, in: Frankfurter Rundschau vom 8. Februar 1947 und „Die Stadt – ein einziger Bauplatz“, in: Frankfurter Neue Presse vom 8. Juli 1950.

208. Grundsätze für die Ausführung von Wiederherstellungsarbeiten an Gebäuden vom 17. August 1945, Magistratsakten AZ 3801, Bd. 1 (Akte nicht paginiert).

209. Vgl. Walter Kolb, wie Anm. 123, S. 1–5 und Pressestelle, wie Anm. 49, S. 7.

210. Vgl. den Vermerk der Stadtkanzlei vom 19. Januar 1951, Magistratsakten AZ 3681/10, Bd. 1, Teil I (Akte nicht paginiert) und Heike Drummer, Jutta Zwilling, Wohninseln in der Großstadt, in: Sprung in die Moderne, wie Anm. 68, S. 122–135.

211. Die Rede des Innenministers ist abgedruckt in: Der schwere Weg, wie Anm. 33, S. 25–36, hier: S. 32. Vgl. Hellmut Reinert, Das Wohnungsamt hat noch immer eine schwere Aufgabe, in: 10 Jahre später, wie Anm. 28, S. 82–84.

212. Vgl. Christoph Mohr, Versöhnliche Moderne. Die neu/alte Altstadt, in: Sprung in die Moderne, wie Anm. 68, S. 26–37, hier: S. 28.

213. Schreiben Hartmanns und Beutlers an Kolb vom 10. April 1947, Magistratsakten AZ 6380, Bd. 1 (Akte nicht paginiert). Vgl. Christoph Perels, Bauen und Wiederaufbauen, in: ders. (Hrsg.), Ernst Beutler 1885–1960, Frankfurt a. M. 1985, S. 17–41.

214. Walter Dirks, Mut zum Abschied. Zur Wiederherstellung des Frankfurter Goethehauses, in: Frankfurter Hefte, Heft 7 (1947), S. 819.

215. Ebd.

216. Vgl. Andreas Hansert, Bürgerkultur und Kulturpolitik in Frankfurt am Main. Eine historisch-soziologische Rekonstruktion, Frankfurt a. M. 1992, S. 208–218 (Studien zur Frankfurter Geschichte, Bd. 33).

217. Vgl. ebd., S. 214–217, den Magistrats-Beschluß Nr. 60 vom 19. April 1947,

Magistratsakten AZ 6380, Bd. 1 und Protokolle der Magistratssitzungen 3.438 (19. April 1947).

218. Abgedruckt bei: J. Auth, wie Anm. 53, S. 15. Siehe auch: C. Perels, wie Anm. 213, S. 8.

219. Vgl. Protokolle der Magistratssitzungen 3.438 (29. Mai 1947) und W. Durth, wie Anm. 78, S. 488/489.

220. Vgl. ebd., S. 490 und 492.

221. Fried Lübbecke, Baudiktatur oder Baudemokratie, in: Frankfurter Rundschau vom 5. August 1948.

222. Ebd. Es handelt sich laut Lübbecke um eine Passage aus: Hans Riemann, Buch von Frankfurt, München 1930. Lübbeckes Beitrag blieb nicht unwidersprochen: Karl Heinrich Knappstein, Offener Brief an Dr. Fried Lübbecke, in: Frankfurter Rundschau vom 6. August 1948. Knappstein warf Lübbecke politische Denunziation vor, was dieser nicht auf sich sitzen lassen wollte: Fried Lübbecke, Antwort auf K. H. Knappstein, in: Frankfurter Rundschau vom 11. August 1948.

223. Abgedruckt in: Fried Lübbecke, Der Wiederaufbau der Altstadt Frankfurt am Main. Nach der Planung des Bundes tätiger Altstadtfreunde, Frankfurt a. M. 1950, S. 8/9.

224. Ebd., S. 15.

225. „Frankfurt – kein Klein-Paris", in: Frankfurter Rundschau vom 26. November 1949. Hinweis bei Dieter Bartetzko, Frankfurt am Main, die Stadt der 50er Jahre, in: Sprung in die Moderne, wie Anm. 68, S. 8–11.

226. Ideenwettbewerb zur Erlangung von Vorschlägen für den Aufbau des Altstadtkernes zwischen Römer und Dom in Frankfurt am Main vom 27. März 1950, Magistratsakten AZ 3620/2, Bd. 1, Teil I (Akte nicht paginiert). Vgl. „Wie soll die Stadt in Zukunft aussehen? Große Bauausstellung in den Römerhallen eröffnet", in: Frankfurter Neue Presse vom 10. Oktober 1949.

227. Ideenwettbewerb, wie Anm. 226. Siehe auch: Frankfurt baut auf. Bauherr – Architekt – Baugewerbe berichten über Planung und Ausführung der Aufbaujahre 1948–1953, Frankfurt a. M. 1954.

228. Vgl. W. Durth, wie Anm. 78, S. 512/513.

229. Abschrift des Schreibens von Oberbürgermeister Kolb an Staatssekretär Hallstein vom 22. Juli 1953, Magistratsakten AZ 3620/2, Bd. 1, Teil I. Vgl. Protokoll-Auszug der Stadtverordnetenversammlung, § 164 vom 8. März 1951 sowie F. Balser, wie Anm. 4, S. 148–151 und C. Mohr, wie Anm. 212, S. 32–35.

230. So von Kolb in der Haushaltsrede vom 4. Februar 1954 formuliert, abgedruckt in: Der Fortschritt. Jahresbericht 1953/54 der Stadt Frankfurt am Main, hrsg. vom Presseamt, Frankfurt a. M. 1954, S. 3–14, hier: S. 9. Siehe auch Kolbs Beitrag „Der Wiederaufbau einer alten großen Stadt" für den Neuen Vorwärts, Typoskript vom 16. Juli 1954, Magistratsakten 4.198, f. 68r.–70r., hier: f. 70r.

231. Vgl. „Diesem Treiben Einhalt gebieten!", hrsg. von der Frankfurter KPD-Kreisleitung o. J., Institut für Stadtgeschichte, S 3/A 198 „Wiederaufbau" und Erwin Kleinstück, Antlitz und Zukunft der Stadt. Zum Wiederaufbau der Frankfurter Innenstadt, in: Archiv für Frankfurts Geschichte und Kunst, Heft 44 (1956), S. 7–27.

232. Vgl. Adolf Miersch, Die gegenwärtigen Verkehrsschwierigkeiten. Wege zur Neuordnung, in: Frankfurts Wirtschaft baut auf!, wie Anm. 197, S. 25–33 und ders., Aufbau der Städte: Frankfurt am Main, in: Der Städtetag, Neue Folge 8 (1955), S. 263–269 sowie A. Hansert, wie Anm. 216, S. 219–226.

233. „Der innerstädtische Verkehrsumbau zur Anpassung des Straßennetzes an die Erfordernisse des gesteigerten Verkehrs wird mit aller Konsequenz weiter vorangetrieben", bekräftigte Kolb am 8. März 1956 in seiner Haushaltsrede die bisherige Verkehrspolitik. Aus: Walter Kolb, Unsere Kommunalpolitik war richtig, in: Dem Ziele näher. Jahresbericht 1955/1956 der Stadt Frankfurt am Main, hrsg. vom Presseamt, Frankfurt a. M. 1956, S. 5–30, hier: S. 18.

234. Vgl. W. Kolb, Der Wiederaufbau, wie Anm. 230, f. 70r. und Christoph Mohr, Zum Denkmalbegriff der Nachkriegsarchitektur, in: Denkmalpflege Hessen, Heft 1 (1988), S. 11–15 sowie „Geparkt wird übereinander", in: Frankfurter Rundschau vom 19. September 1956.

235. Hans Kampffmeyer, Vom Wiederaufbau zur Stadterneuerung, in: Frankfurt am Main 1945–1965, wie Anm. 4, S. 32–35, hier: S. 32. Vgl. D. Bartetzko, wie Anm. 225, S. 8/9.

236. „Alle Kriegsschäden beseitigt", in: Frankfurter Neue Prese vom 27. November 1954. Siehe auch den Artikel „Das neue Frankfurt – ein Vorbild", in: ebd.

237. W. Kolb, wie Anm. 233, S. 5. Zur Formulierung „Sprung in die Moderne" siehe: D. Bartetzko, wie Anm. 225, S. 9.

238. Vgl. „In Frankfurt wurde mehr gebaut als in London. Die SPD gibt Rechenschaft über ihre Kommunalpolitik", in: Frankfurter Rundschau vom 9. März 1948 und Jan von Trott, Für eine menschliche Stadt in einer vernünftigen Welt! Sozialdemokratische Stadtverordnetenfraktion Frankfurt am Main 80 Jahre. 1904 bis 1984, Frankfurt a. M. 1986, S. 380–382.

239. „Die CDU zum Kommunalwahlkampf", in: Frankfurter Rundschau vom 3. April 1948. Siehe auch: Protokolle der Magistratssitzungen 3.439 (5. April 1948).

240. Ebd. (24. April 1948).

241. Protokolle der Magistratssitzungen 3.438 (15. August 1947).

242. Vgl. Protokoll-Auszug der Stadtverordnetenversammlung, § 349 vom 17. Juni 1948, Magistratsakten 3.646, f. 96r.–98v., die Ernennungsurkunde zum Oberbürgermeister vom 12. Juli 1948, Kolb-Nachlaß, S 1/4 Nr. 14, Walter Kolb, Es geht um eure Stadt, in: Frankfurter Rundschau vom 24. April 1948 sowie allgemein: F. Balser, wie Anm. 4, S. 105–110.

243. Vgl. „In Frankfurt", wie Anm. 238.

244. Vgl. Pressestelle, wie Anm. 49, S. 10. Ausführlich: Jürgen Kirschner, Was wird aus dem Theater? Die Diskussion um das Frankfurter Schauspiel 1945–1951, Frankfurt a. M. 1989 (Studien zur Frankfurter Geschichte, Bd. 20).

245. Walter Leiske, Frankfurter Kulturpolitik – Theaterpolitik, in: ders., Frankfurt im Aufbau, Bremen, Frankfurt a. M. 1949, S. 52–64, hier: S. 57.

246. Vgl. F. Balser, wie Anm. 4, S. 210.

247. Georg Klingler, Viel erreicht – Noch viel zu tun, in: Dem Ziele näher, wie Anm. 233, S. 33–52, hier: S. 40. Siehe auch: Walter Kolb, Wir erfüllen unsere kulturellen Verpflichtungen, in: Adressbuch der Stadt Frankfurt am Main, Frankfurt a. M. 1956, o. S.

248. Vgl. Protokoll-Auszug der Stadtverordnetenversammlung, § 193 vom 18. März 1954, Magistratsakten 3.647, f. 64r., „Der neue Magistrat gewählt“, in: Frankfurter Rundschau vom 19. März 1954 und F. Balser, wie Anm. 4, S. 480.

249. Walter Kolb, Liebe Frankfurter Frauen und Männer!, Frankfurt a. M. 1950 (Flugblatt), Kolb-Nachlaß, S 1/4 Nr. 241. Vgl. „SPD gegen Kandidatur Dr. Kolbs“, in: Frankfurter Neue Presse vom 21. September 1950 und „Kolb kandidiert doch für hessische Landtagswahl“, in: Frankfurter Rundschau vom 14. Oktober 1950.

250. Vgl. „Ein unbescholtener Volksgenosse“, in: Die Tat vom 21. Oktober 1950.

251. Erklärung des Oberbürgermeisters vom 1. November 1950, Institut für Stadtgeschichte, S 2/60a Walter Kolb. Vgl. „Der Oberbürgermeister und sein Haus“, in: Frankfurter Rundschau vom 8. November 1950.

252. Vgl. die Abschrift des Schreibens von Samuel an Kolb vom 14. September 1950, Institut für Stadtgeschichte, S 2/60a Walter Kolb.

253. Vgl. „Oberbürgermeister Kolb zum Neuen Jahr“, in: Frankfurter Rundschau vom 2. Januar 1947. Die gutgemeinte Einladung Kolbs löste sowohl bei jüdischen Emigranten als auch bei Einwohnern Frankfurts sehr unterschiedliche Reaktionen aus. Kolb erreichten in dieser Angelegenheit zahlreiche Briefe, die im Institut für Stadtgeschichte, Magistratsakten 4.388, und im Heidelberger Zentralarchiv zur Erforschung der Geschichte der Juden in Deutschland, Bestand: B. 1/13 „Jüdische Gemeinde Frankfurt“ A. 740–741 und 814, verwahrt werden.

254. Vgl. Walter Kolb, Liebe Wählerin, lieber Wähler!, Frankfurt a. M. 1954 (Flugblatt), Kolb-Nachlaß, S 1/4 Nr. 42.

255. Abschrift des Schreibens von Walter Kolb an Ludwig Erhard vom 3. November 1954, Kolb-Nachlaß, S 1/4 Nr. 1. Siehe auch den Antwortbrief Erhards an Kolb vom 5. November 1954, ebd.

256. Vgl. Drucksachen des Hessischen Landtags II. Wahlperiode 1. Dezember 1950 – 30. November 1954. Inhalts- und Rednerverzeichnis, Wiesbaden 1954, S. 50 sowie Drucksachen des Hessischen Landtags III. Wahlperiode 1. Dezember 1954 – 30. November 1958. Inhalts- und Rednerverzeichnis, Wiesbaden 1958, S. 50. Siehe auch: Jochen Lengemann, Das Hessen-Parlament 1946–1986, hrsg. vom Präsidenten des Hessischen Landtags, Frankfurt a. M. 1986, S. 108.

257. Heinrich David, Schutzherr der Turner und Tiere. Frankfurts Stadtoberhaupt Walter Kolb, in: DIE ZEIT vom 22. April 1954. Die Geschichte der Frankfurter SPD schildern in geraffter Form: Elke Jaeger, Jochen Zulauf, 50 Jahre Politik für Frankfurt am Main. SPD 1946–1996, hrsg. von der SPD Frankfurt, Frankfurt a. M. 1996.

258. Zitiert nach: Helli Knoll, Beruf aus Berufung, in: dies. (Bearb.), Walter Kolb, Berlin 1953, S. 11–23, hier: S. 22. Vgl. Richard Kirn, Ein Stadtvater starb – und alle seine Bürger trauern, in: Süddeutsche Zeitung vom 21. September 1956.

259. Zitiert nach: M. Felsch, wie Anm. 155, S. 32.

260. Zitiert nach: R. Kirn, wie Anm. 258.

261. Zitiert nach: „Der Frankfurter Oberbürgermeister“, in: Frankfurter Rundschau vom 22. Juni 1948. Vgl. W. v. Sternburg, wie Anm. 15, S. 173.

262. Anlage zum Schreiben Helli Knolls an Marion Gräfin Dönhoff vom 15. Februar 1956, Magistratsakten 4.199, f. 96r./97r. „DIE ZEIT“ druckte Kolbs Beitrag in einer bis auf die letzten beiden Sätze gekürzten Fassung ab: „1946–1956: Zehn Jahre einer deutschen Wochenzeitung“, in: DIE ZEIT vom 23. Februar 1956.

263. Vgl. „Verpflichtungen“, in: Frankfurter Allgemeine Zeitung vom 22. Januar 1952. Vom 1947 übernommenen Vorsitz des DRK-Bezirksverbands war Kolb schon im Oktober 1948 aus Arbeitsüberlastung wieder zurückgetreten; vgl. Thomas Bauer, „... die Hauptthätigkeit doch eine soziale ist.“ 125 Jahre Rotes Kreuz in Frankfurt am Main 1866–1991, Frankfurt a. M. 1991, S. 101 und 104.

264. Vgl. Gerhard Zoebe, Zwanzig Jahre Deutscher Tierschutzbund 1948–1968, Frankfurt a. M. 1968, passim sowie Walter Kolb, Praktischer Tierschutz, in: Tierfreund, April/Mai 1949, S. 1–5 und ders., Tierschutz und Menschenwürde, in: Tierfreund, Juli 1949, S. 1–3.

265. Vgl. „15 Stunden mit unserem OB unterwegs“, in: Volksstimme vom 19. Januar 1952 und M. Felsch, wie Anm. 155, S. 37.

266. H. David, wie Anm. 257. Zu Gewicht und Größe des Stadtoberhaupts: Personalakten 135.068, f. 3r./v.

267. Vgl. die Abschrift des von Habs ausgestellten Attests vom 4. November 1954, ebd., f. 113r. und W. v. Sternburg, wie Anm. 15, S.183.

268. Vgl. ebd. sowie die von Habs ausgestellten Bescheinigungen über die immer wieder verlängerte Arbeitsunfähigkeit Kolbs, Personalakten 135.068, f. 125r., 128r.–130r. In der Lokalpresse wurde laufend über den Gesundheitszustand des Oberbürgermeisters berichtet: „Aktenstapel vor dem Bett“, in: Frankfurter Neue Presse vom 27. Februar 1956 oder auch „OB wieder auf den Beinen“, in: Frankfurter Rundschau vom 4. Juli 1956.

269. Schreiben Hollbachs an Kolb vom 4. November 1956, Kolb-Nachlaß, S 1/4 Nr. 1. Siehe auch den Artikel „Besorgnis“, in: Frankfurter Allgemeine Zeitung vom 31. Juli 1956 und W. v. Sternburg, wie Anm. 15, S. 183.

270. Vgl. Abschrift des Briefs von Aenne Kolb an Wilhelm Hollbach vom 1. Oktober 1956, Kolb-Nachlaß, S 1/4 Nr. 1 und „Oberbürgermeister Dr. Walter Kolb heute nacht plötzlich gestorben“, in: Nachtausgabe vom 20. September 1956.

271. Todesanzeige Walter Kolbs, in: Mitteilungen der Stadtverwaltung Frankfurt a. M. vom 22. September 1956. Vgl. „Frankfurt nimmt Abschied von Walter Kolb“, in: Frankfurter Rundschau vom 24. September 1956.

272. Vgl. ebd. und die dem verstorbenen Stadtoberhaupt gewidmete Ausgabe der Mitteilungen der Stadtverwaltung Frankfurt a. M. vom 29. September 1956. Zur Grabgestaltung: „Seit zwei Wochen arbeitet der Bildhauer“, in: Frankfurter Rundschau vom 14. November 1956.

273. Vgl. F. Balser, wie Anm. 4, S. 480 sowie 20 Jahre Walter-Kolb-Stiftung e. V. 1959–1979, Frankfurt a. M. 1979 (Festbroschüre) und das Typoskript der Dankesrede der Geschäftsführerin Dora Neuhold anläßlich ihrer Verabschiedung am 29. Juni 1995, Archiv der Walter-Kolb-Stiftung e. V.

274. Kopie im Filmarchiv der Staatlichen Landesbildstelle Hessen, Stadtbildstelle Frankfurt a. M.

275. Zur letzten Bitte Kolbs siehe die Hinweise in: Mitteilungen der Stadtverwaltung Frankfurt a. M. vom 22. September 1956 und „Seid einig für unsere Stadt“, in: Frankfurter Rundschau vom 28. Dezember 1956. Die Flügelkämpfe in der Frankfurter SPD seit den siebziger Jahren beschreiben: Peter Lösche, Franz Walter, Die SPD. Klassenpartei – Volkspartei – Quotenpartei. Zur Entwicklung der Sozialdemokratie von Weimar bis zur deutschen Vereinigung, Darmstadt 1992, S. 364–378.

Quellen und Literatur

Institut für Stadtgeschichte Frankfurt am Main
Jahresberichte der Stadt Frankfurt
Magistratsakten
Mitteilungen der Stadtverwaltung Frankfurt
Nachlaß Walter Kolb
Personalakten
Protokolle der Magistratssitzungen
Protokolle der Stadtverordnetenversammlung

Stadtarchiv Bonn
Meldekartei

Hauptstaatsarchiv Düsseldorf
Bestand: Reg. Düsseldorf 500000

AUTH, Joseph (Hrsg.): Wille zur Tat. Fünf Ansprachen des Frankfurter Oberbürgermeisters Walter Kolb 1947, Frankfurt a. M. o. J.

BALSER, Frolinde: Aus Trümmern zu einem europäischen Zentrum. Geschichte der Stadt Frankfurt am Main 1945–1989, Sigmaringen 1995 (Veröffentlichungen der Frankfurter Historischen Kommission, Bd. 20).

BARTETZKO, Dieter (Hrsg.): Sprung in die Moderne. Frankfurt am Main, die Stadt der 50er Jahre, Frankfurt a. M., New York 1994 (Die Zukunft des Städtischen, Bd. 7).

BAUER, Thomas: „... die Hauptthätigkeit doch eine soziale ist." 125 Jahre Rotes Kreuz in Frankfurt am Main 1866–1991, Frankfurt a. M. 1991.

DERS.: „Zu mehr lange dene ihr Kalorie net" Hunger und Sport in der Nachkriegszeit, in: Sport, Bildung und Demokratie. Fünfzig Jahre „Sport für alle" im Landessportbund Hessen, hrsg. von Franz Nitsch und Rolf Lutz, Marburg 1996, S. 307–310.

BORINSKI, Fritz / GRIMM, Horst / WINKLER, Edgar (Hrsg.): Jugend im politischen Protest. Der Leuchtenburgkreis 1923–1933–1977, Frankfurt a. M. 1977.

DANN, Otto: Die Hauptstadtfrage in Deutschland nach dem 2. Weltkrieg, in: Hauptstädte in europäischen Nationalstaaten, hrsg. von Theodor Schieder und Gerhard Brunn, München, Wien 1983, S. 35–60.

Denkschrift über die wirtschaftlichen und sozialen Verhältnisse im Jahre 1946 in Frankfurt am Main, hrsg. vom Statistischen Amt und Wahlamt, Frankfurt a. M. 1947.

DIRKS, Walter: Mut zum Abschied. Zur Wiederherstellung des Frankfurter Goethehauses, in: Frankfurter Hefte, Heft 7 (1947).

DREHER, Klaus: Ein Kampf um Bonn, München 1979.

DRUMMER, Heike: Friedrich Krebs – Nationalsozialistischer Oberbürgermeister in Frankfurt am Main. Rekonstruktion eines politischen Lebens, in: Hessisches Jahrbuch für Landesgeschichte 42 (1992), S. 221–253.

DURTH, Werner / GUTSCHOW, Niels: Träume in Trümmern. Planungen zum Wiederaufbau zerstörter Städte im Westen Deutschlands 1940-1950, Bd. 2: Städte, hrsg. von Heinrich Klotz, Braunschweig, Wiesbaden 1988.

EMRICH, Willi: Aus sieben Jahrzehnten Frankfurter Stadtgeschichte. Erlebnisse und Erfahrungen im Römer, Frankfurt a. M. 1965.

FERBER, Annhilt: Eugen Eichhoff und Walter Kolb und der Deutsche Turnerbund in der Phase seiner Neugründung, Bochum 1978 (maschinenschriftliche Examensarbeit in der Bibliothek des DTB).

FELSCH, Margot: Aus der Chef-Etage des Römers. Begegnungen mit den Frankfurter Oberbürgermeistern Walter Kolb, Werner Bockelmann, Willi Brundert, Walter Möller, Rudi Arndt und Walter Wallmann, Frankfurt a. M. 1981.

Frankfurt gestern und heute. Zehn Jahre Wiederaufbau im Spiegel der Zahlen, hrsg. vom Magistrat, Frankfurt a. M. 1956.

Frankfurt am Main und seine Bedeutung für Hessen, hrsg. vom Statistischen Amt, Frankfurt a. M. 1951.

Frankfurt am Main 1945–1965. Ein 20-Jahresbericht der Stadtverwaltung Frankfurt am Main, hrsg. vom Magistrat, Frankfurt a. M. 1965.

Frankfurt baut auf. Bauherr – Architekt – Baugewerbe berichten über Planung und Ausführung der Aufbaujahre 1948–1953, Frankfurt a. M. 1954.

Frankfurts Wirtschaft baut auf! Ein Bildband über die Fortschritte im Wiederaufbau der Stadt, Frankfurt a. M. 1952.

FRISCH, Max: Tagebuch 1946–1949, Frankfurt a. M. 1960.

GALL, Lothar: Frankfurt als deutsche Hauptstadt?, in: Archiv für Frankfurts Geschichte und Kunst 61 (1987), S. 17–32.

GLASER, Hermann / PUFENDORF, Lutz von / SCHÖNEICH, Michael (Hrsg.): So viel Anfang war nie. Deutsche Städte 1945-1949, Berlin 1989.

Die Gründerjahre des Deutschen Sportbundes. Wege aus der Not zur Einheit, 2 Bde., hrsg. vom Deutschen Sportbund, Schorndorf 1990/91.

HANSERT, Andreas: Bürgerkultur und Kulturpolitik in Frankfurt am Main. Eine historisch-soziologische Rekonstruktion, Frankfurt a. M. 1992 (Studien zur Frankfurter Geschichte, Bd. 33).

HULEK, Walter: Jahrbuch der Turnkunst 1952, Frankfurt a. M. 1952.

HÜTTENBERGER, Peter: Die Industrie- und Verwaltungsstadt (20. Jahrhundert), Düsseldorf 1989 (Düsseldorf. Geschichte von den Anfängen bis ins 20. Jahrhundert, Bd. 3).

JAEGER, Elke / ZULAUF, Jochen: 50 Jahre Politik für Frankfurt am Main. SPD 1946–1996, hrsg. von der SPD Frankfurt, Frankfurt a. M. 1996.

Zwei Jahre Aufbauarbeit in Frankfurt am Main. Was hat die Stadtverwaltung geleistet?, hrsg. von der Pressestelle der Stadt, Frankfurt a. M. 1948.

50 Jahre Flughafen Frankfurt. Geschichte eines europäischen Flughafens 1936–1986, hrsg. von Flughafen Frankfurt/Main AG, Frankfurt a. M. 1986.

Zehn Jahre Trümmer-Verwertungs-Gesellschaft m.b.H. Frankfurt am Main, hrsg. von der TVG, Frankfurt a. M. 1955.

JANIK, Detlev (Hrsg.): Hochhäuser in Frankfurt. Wettlauf zu den Wolken, Frankfurt a. M. 1995.

KIRSCHNER, Jürgen: Was wird aus dem Theater? Die Diskussion um das Frankfurter Schauspiel 1945–1951, Frankfurt a. M. 1989 (Studien zur Frankfurter Geschichte, Bd. 20).

KLEINSTÜCK, Erwin, Antlitz und Zukunft der Stadt. Zum Wiederaufbau der Frankfurter Innenstadt, in: Archiv für Frankfurts Geschichte und Kunst, Heft 44 (1956), S. 7–27.

KLESSMANN, Christoph: Die doppelte Staatsgründung. Deutsche Geschichte 1945–1955, Bonn 1986[4].

KLÖTZER, Wolfgang (Hrsg.): Frankfurter Biographie. Personengeschichtliches Lexikon, 2 Bde., Frankfurt a. M. 1994/96 (Veröffentlichungen der Frankfurter Historischen Kommission XIX/1 und XIX/2).

KNOLL, Helli (Bearb.): Walter Kolb, Berlin 1953.

KOCH, Rainer (Hrsg.): Brücke zwischen den Völkern – Zur Geschichte der Frankfurter Messe, Bd. 2: Beiträge zur Geschichte der Frankfurter Messe, hrsg. von Patricia Stahl, Frankfurt a. M. 1991.

KOLB, Walter: An den heimgekehrten Dichter Fritz von Unruh, Frankfurt a. M. 1953.

DERS.: Tätige Stadt Frankfurt, Frankfurt a. M. 1949.

DERS.: Die deutschen Städte und der Sport, Stuttgart 1952.

DERS.: Wille und Weg, in: Unser Weg. Unser Ziel!, hrsg. vom Deutschen Republikanischen Studentenbund, Frankfurt a. M. 1948, S. 15–18.

KRÄMER-BADONI, Rudolf: Zustand einer Großstadtbevölkerung am Beispiel Frankfurts, in: Die Wandlung 2 (1947), S. 812–841.

KROPAT, Wolf-Arno: Hessen in der Stunde Null 1945/1947. Politik, Wirtschaft und Bildungswesen in Dokumenten, Wiesbaden 1979.

KRÜGER, Michael: Einführung in die Geschichte der Leibeserziehung und des Sports, Teil 3: Leibesübungen im 20. Jahrhundert. Sport für alle, Schorndorf 1993.

KUTSCHER, Markus: Geschichte der Luftfahrt in Frankfurt am Main. Von Aeronauten und Jumbo-Jets, Frankfurt a. M. 1995.

LANGE, Rudolf: Chronik des Flughafens Frankfurt am Main, Frankfurt a. M. 1976 (unveröffentlichtes Typoskript).

LEISKE, Walter: Frankfurt im Aufbau, Bremen, Frankfurt a. M. 1949.

LENGEMANN, Jochen: Das Hessen-Parlament 1946–1986, hrsg. vom Präsidenten des Hessischen Landtags, Frankfurt a. M. 1986.

LÖSCHE, Peter / WALTER, Franz: Die SPD. Klassenpartei – Volkspartei – Quotenpartei. Zur Entwicklung der Sozialdemokratie von Weimar bis zur deutschen Vereinigung, Darmstadt 1992.

LÜBBECKE, Fried: Der Wiederaufbau der Altstadt Frankfurt am Main. Nach der Planung des Bundes tätiger Altstadtfreunde, Frankfurt a. M. 1950.

MICK, Günter, Den Frieden gewinnen. Das Beispiel Frankfurt 1945 bis 1951, Frankfurt a. M. 1985.

MOHR, Christoph, Zum Denkmalbegriff der Nachkriegsarchitektur, in: Denkmalpflege Hessen, Heft 1 (1988), S. 11–15.

MOMMSEN, Hans: Beamtentum im Dritten Reich. Mit ausgewählten Quellen zur nationalsozialistischen Beamtenpolitik, Stuttgart 1966 (Schriftenreihe der Vierteljahreshefte für Zeitgeschichte, Bd. 13).

MORSEY, Rudolf: Die Bundesrepublik Deutschland. Entstehung und Entwicklung bis 1969, München 1990[2].

NEUMANN, Herbert: Deutsche Turnfeste. Spiegelbild der Deutschen Turnbewegung, hrsg. vom Deutschen Turner-Bund, Bad Homburg 1985.

NITSCH, Franz / LUTZ, Rolf (Hrsg.): Der Landessportbund Hessen in seiner Gründungsphase. Eine Dokumentation der Jahre 1945–1948, Marburg 1996.

Die Paulskirche in Frankfurt am Main, hrsg. vom Magistrat, Frankfurt a. M. 1988.

PERELS, Christoph (Hrsg.): Ernst Beutler 1885–1960, Frankfurt a. M. 1985.

PLANUNGSGEMEINSCHAFT Paulskirche: Die neue Paulskirche, in: Die neue Stadt 2 (1948), S. 101–104.

RAUCH, Anton: 85 Jahre Pferderennen in Frankfurt. Ein Jubiläum im Rahmen der Frankfurter Jahrhundertfeier der ersten deutschen Nationalversammlung, Frankfurt a. M. 1948.

REBENTISCH, Dieter: Frankfurt am Main in der Weimarer Republik und im Dritten Reich 1918–1945, in: Frankfurt am Main. Die Geschichte der Stadt in neun Beiträgen, hrsg. von der Frankfurter Historischen Komission, Sigmaringen 1991.

RICHTER, Hans Werner, Literatur im Interregnum, in: Der Ruf, Nr. 15 (1947).

RÖSCHLAU, Ingrid: Vor 40 Jahren: Bonn oder Frankfurt? Der Streit um die Bundeshauptstadt, Frankfurt a. M. 1989 (Kleine Schriften des Frankfurter Stadtarchivs, Bd. 2).

SCHMID, Carlo: Erinnerungen, München 1981.

SCHNEIDER, Dieter / NEULAND, Franz: Zwischen Römer und Revolution. 1869–1969 Hundert Jahre Sozialdemokraten in Frankfurt am Main, hrsg. vom SPD-Unterbezirk, Frankfurt a. M. 1969.

SCHREIBER, Wernfried (Hrsg.), Fritz von Unruh zum 100. Geburtstag und 15. Todestag, Koblenz 1985 (Veröffentlichungen der Stadtbibliothek Koblenz, Bd. 16).

SCHWARZ, Rudolf: Kirchenbau – Welt vor der Schwelle, Heidelberg 1960.

SCZYGIOL, Konrad (Bearb.): Der Deutsche Turner-Bund. Seine Gründung. Frankfurt am Main und Tübingen 1950, Frankfurt a. M. 1950.

Die Sportstadt Frankfurt am Main. Neue Hauptkampfbahn im Stadion, hrsg. von der Stadion GmbH, Frankfurt a. M. 1955.

STERNBURG, Wilhelm von: Walter Kolb, in: Demokraten. Profile unserer Republik, hrsg. von Claus Heinrich Casdorff, Königstein/Ts. 1983.

TRATNIK, Patricia: Materialien zum Wiederaufbau der Paulskirche 1946–1948, Frankfurt a. M. o. J. (unveröffentlichtes Typoskript).

TROTT, Jan von: Für eine menschliche Stadt in einer vernünftigen Welt! Sozialdemokratische Stadtverordnetenfraktion Frankfurt am Main 80 Jahre. 1904 bis 1984, Frankfurt a. M. 1986.

UNRUH, Fritz von: Rede an die Deutschen, hrsg. von Eugen Kogon, Frankfurt a. M. 1948.

WERNICKE, Kurt Georg / BOOMS, Hans (Hrsg.): Der Parlamentarische Rat 1948–1949. Akten und Protokolle, Bd. 1: Vorgeschichte, bearb. von Johannes Volker Wagner, Boppard 1975.

Der schwere Weg, hrsg. vom Presseamt, Frankfurt a. M. 1956.

WOLZOGEN, Wolf von: Soziale und kulturelle Voraussetzungen zum Neubeginn der Frankfurter Messe 1948 – Kontinuitäten und neue Konzeptionen, in: Beiträge zur Geschichte der Frankfurter Messe, hrsg. von Patricia Stahl, Frankfurt a. M. 1991, S. 411–430.

ZIEBILL, Otto: Geschichte des Deutschen Städtetages. Fünfzig Jahre deutsche Kommunalpolitik, Stuttgart 1956[2].

ZOEBE, Gerhard: Zwanzig Jahre Deutscher Tierschutzbund 1948–1968, Frankfurt a. M. 1968.

Personenregister

Abbildungsnachweis

Institut für Stadtgeschichte Frankfurt a. M.: 10, 11, 12, 14, 15, 17, 18, 20, 23, 24, 25, 27, 28, 29, 30, 35, 36, 37, 38, 40, 43, 44, 51, 52, 53, 54, 58, 63, 66, 70, 71, 72, 75, 76, 77, 78, 80, 84, 86, 88, 90, 92, 94, 95, 96, 99, 100, 104, 106, 108, 110, 111, 112, 113
Dr. Karl Emil Milch, Frankfurt a. M.: 67
Historisches Museum Frankfurt a. M.: 33
Frankfurter Rundschau: 102, 109
Luftfahrthistorische Sammlung der Flughafen Frankfurt/Main AG: 82
Sportmuseum der Stadion GmbH Frankfurt a. M.: 57, 62